Biografía de José Hernández

Biografía de José Hernández

Humberto Quiroga Lavié

Librería
HISTORICA

Quiroga Lavié, Horacio
   Biografía de José Hernández. – 1ª. ed.– Buenos Aires :
Librería Histórica/Stockcero, 2004.
   144 p. ; 23 x15 cm.- (Vidas)

   ISBN 987-1136-23-4

   1. José Hernández-Biografía I. Título
   CDD 920

Fecha de catalogación: 31-10-03

© De esta edición
Librería Histórica
Azcuénaga 1846
CP 1128 Buenos Aires - República Argentina

Ilustración de cubierta: El Gaucho Martín Fierro de Vito Campanella
Diseño de colección: Juan Pablo Ribeiro

ISBN: 987-1136-23-4

Libro de Edición Argentina.
Queda hecho el depósito que marca la ley 11.723
Printed in the United States of America.

Ninguna parte de esta publicación, incluido el diseño de la cubierta, puede ser reproducida, almacenada o trasmitida en manera alguna ni por ningún medio, ya sea eléctrico, químico, mecánico, óptico, de grabación o de fotocopia, sin permiso previo de los derechohabientes.

Distribución en USA
stockcero.com
stockcero@stockcero.com
Oficinas en Buenos Aires:
Viamonte 1592 (C1055ABD) Buenos Aires, Arge
54 11 4372 9322

Infancia, adolescencia y juventud de Martín Fierro

Aquí me pongo a cantar, para contarles mi vida. Vida de gaucho argentino, de periodista, político y escritor, pero también de combatiente y de taquígrafo. Sé muy bien que mi nombre ha recorrido el mundo. Sé también que son pocos los que conocen los secretos de mi vida cotidiana ni los quehaceres no literarios a los que me dediqué: mis pequeños logros, mis grandes frustraciones, esos errores notables generados por mi pasión política, ese ir y venir, cambiante, del periodista que anheló ser líder, imponer sus principios cívicos a la naciente patria, pero que, cansado de sus vanos esfuerzos, pudo al fin realizarse, sin tener clara conciencia de la dimensión, al parecer imponente, que había tenido su obra, cuando escribió el Martín Fierro.

Hijo de la tierra gaucha tuve que juntar en mi sangre la prosapia unitaria de los Pueyrredón, por mi madre, y la estirpe federal, como que mi padre, Rafael Hernández, fue amigo y administrador de campos que pertenecieron al llamado Restaurador de las Leyes: sí, a Rosas es a quien me estoy refiriendo. En el libro 28 de la Iglesia Catedral del Norte, en la página 237, consta mi fe de bautismo: José Rafael Hernández Pueyrredón, fui bautizado. Primero constó el nombre de Rafael, luego, en la confirmación, me pusieron el José, hijo de don Rafael Hernández y de doña Isabel Pueyrredón O´Doghan, prima hermana de ese gran patriota que organizó a los gauchos, en su chacra del caserío de Perdriel, para luchar contra los ingleses, allá por 1806. Debo decir que mi abuela Manuela Caamaño de Pueyrredón, que era descendiente de Juan de Garay, fue toda su vida una luchadora en favor de los pobres; tanto, que los menesterosos de San Luis, donde vivió exiliada con su marido, la llamaron "la madre de los pobres". Heredé ese sentimiento, no cabe duda.

Fue en la vieja casona de la chacra de Perdriel, donde nací. Ennegrecida terracota roja, la de las tejas, grises sus muros, obscuros de musgo. Todo el recinto casi sin tiempo. Amplio follaje otorga sombra, son los aguaribayes que dialogan su verdor con ombúes y retamas. Casi una selva en los extramuros del área municipal que, con el tiempo, se convirtió en San Isidro. Desde el alumbramiento tuve la osmosis ambiental del gaucho enfrentándose con el gringo. Allí el trinar de tordos y calandrias, de cardenales y jilgueros, le puso música a mi niñez, alegría a una cierta orfandad con la que tuve que conformarme. Con apenas un año cumplido, sin que yo lo recuerde, por cierto, mis padres se fueron a domar potros a la estancia del Cerrillo, dominio de Juan Manuel. Madre virtual fue mi tía Victoria, hermana de mamá, por eso yo la llamaba "Mama Totó", mama no llevaba acento. Tener dos madres explica, por razón de la duplicación, la confusión maternal que gobernó mi vida.

Fui un hijo de la rebeldía. Pero tocado por la misma estrella que me convirtió en el Senador Martín Fierro, pude generar la concordia entre mi padre y mi abuelo, don José Gregorio Hernández, español de prosapia y antiguo cabildante, quien proscribiera a su hijo, mi padre, de su casa, por el simple, pero muy grave -para él- hecho de casarse con una joven un año mayor. ¡Qué grave desatino! -Ese casamiento es un disparate- le dijo mi abuelo a mi padre. -Debes obedecerme; no te cases. Solamente cuando, a los meses de mi nacimiento, mi padre me llevara en brazos a la casa de mi abuelo, que era el padre de mi padre, a don José Gregorio Hernández se le ablandaron los sentimientos, escuchó su tierno corazón endurecido por el atavismo tradicional y, luego de mirar en mi la continuación de su estirpe, aunque sin adivinar mi increíble futuro, solamente entonces tendió sus brazos, estrechó a mi padre, que era su hijo, en muy fuerte abrazo y me llenó de besos. Todavía mi inconsciente conserva, en lo ignoto de mi caja negra, el dulce mensaje que dejara en mi piel ese ancestro mío. De allí partió mi padre con mi abuelo, no fuera a ser que éste se arrepintiera, a la Iglesia de la Merced, en procura de óleos para mi bautismo.

Fue el cura párroco Fransisco Cortaberría quien, el 27 de julio de 1835, después de formal caricia sobre mi ingenua frente, me lava del pecado original, pone sal en mis labios, y entonces advierte que a la ceremonia solamente han asistidos hombres, es decir individuos del sexo masculino. Mi madre y Mama Totó, ausentes. El cura mira hacia lo alto del altar y se encuentra con la angelical belleza de la Virgen de las Mercedes, quien, complaciente, le sonríe. Fue la Virgen, de mirada franca y mansedumbre inconmovible, la madrina de mi entrada a la devota vida del catolicismo argentino, del cual nunca renegué. Misas, comuniones y reuniones masónicas al margen.

El festejo bautismal lo realizamos, me lo contó Mama Totó, en el caserón de Perdriel, terruño de los Pueyrredón, enemigos acérrimos del Restaurador. Las tortas y los licores, el chocolate y los dulces, no pudieron impedir el sabor amargo que el temor a las acechanzas de La Mazorca generaban en todos aquellos que osaban no ser incondicionales, mucho más en el seno de los Pueyrredón. Mariano Pueyrredón, mi tío, dueño de esa histórica chacra, estaba en la mira de la represión federal. Hacía tres meses que don Juan Manuel se había hecho cargo, por segunda vez, del gobierno de la Provincia de Buenos Aires, con suma del poder público y con facultades extraordinarias, para que no cupiera duda de cómo iba a seguir la historia...

Durante la fiesta, mi padre y mi tío Mariano se miraron todo el tiempo, con recelo. Mariano no ocultaba su militancia política antirrosista. Mi padre luchaba consigo mismo para no romper la armonía familiar. Todo transcurría bajo la apariencia de una tranquilidad que ni mi padre ni mi tío aceptaban como cierta.

Transcurría el invierno de 1835 y caía la tarde en la chacra de los Pueyrredón, cuando un soldado vestido de punzó golpea con el aldabón la maciza puerta de entrada a la casa. Mi tío Mariano tiembla, mi padre se estremece ¿Pero, por qué asustarse? Solamente se trata de una carta, escrita con prolija letra, donde Rosas le pide a Rafael Hernández, hombre de su confianza y amistad, que lo visite en Palermo. Mi padre, montado en brioso alazán -me lo contó Mamá Totó- fue prestamente a la residencia del gobernador. Una guardia de gauchos le recibió su cabalgadura. Rosas no lo hizo esperar: trato preferencial que muestra su interés por realizar el encuentro. Hombre de aspecto fuerte, el caudillo, rostro nórdico, de herencia visigótica por línea paterna y normanda por la materna.

— Las tareas premiosas de gobierno no me permiten atender mis estancias, amigo Rafael. Necesito un hombre de confianza, como lo es usted para mí, gente capaz, hecha a los quehaceres del campo. Necesito su dedicación exclusiva como administrador de varias de mis estancias.

La frase del Restaurador parece un ruego, pero resulta casi una orden. No existe alternativa para rechazar la oferta. No hay oferta. Es una suerte de imposición. –Si, Señor -fue la respuesta automática. Se que mi padre pensó en sus dos hijos, en ese momento crucial, y también en su muy querida y joven mujer. Pero decidió convertir a sus pequeños hijos en precoces huérfanos de padres vivos (los dejaría al cuidado de la familia y partiría a su misión acompañado por mi madre). Así, don Rafael Hernández salió de la elegante residencia gubernativa calzando el poncho pampa que le había regalado el cacique Calfucurá, quien también le regaló un rebenque. La vida de mi padre en el campo fue de gran ajetreo: él se estaba labrando una posición con buena paga. Se hizo fama en volteadas de haciendas alzadas, en los campos de Felipe Piñeyro, Calixto Mouján, Pedro

Vela, Escribano, Casares, Álzaga, Lavallol, entre otros. Rosas le daba frecuentes instrucciones que lo perseguían hasta los rincones más lejanos, hasta allí llegaba el chasque con el recado. Infatigable el Restaurador para atender sus cosas privadas, con no menor dedicación que la prestada en atender el gobierno. Ello fue justificando, en los decires de mi padre, su ausencia familiar para con sus hijos.

El 5 de julio de 1839 nació mi nuevo hermanito: lo bautizaron Rafael y habiendo quedado él huérfano muy pequeño, lo cuidé como a un hijo y él me acompañó sin descanso, siempre. Mis cuatro años y medio hacen que guarde ese acontecimiento como uno de los primeros recuerdos. Por entonces la imagen de mi madre iba apareciendo por estampas, porque ella viajaba a la casa de los Pueyrredón con más frecuencia que su marido. Yo apenas sí podía hacer preguntas. Todo lo que estoy relatando es una reconstrucción recibida luego, por tradición familiar.

Esa tradición me fue imponiendo que desde los Cerrillos mis padres se trasladaron, en el confín de la pampa, a los campos que Don Juan Manuel tenía en Camarones y, otras veces, en este caso en el sur, en las zonas aledañas a la Laguna de los Padres, muy cerca del territorio indio. Supe que mi madre nunca lo dejaba solo a mi padre en su ir y venir por la pampa argentina, nunca la fatiga ni las molestias justificaron su ausencia. Los dominios del gobernador eran inmensos, tanto que en extensión abarcaban un amplio arco de terrenos litoraleños, cercanos al mar, en esas inhóspitas y peligrosas tierras que circundaban los medanos del Tuyú, bañadas por el Paraná, en esa pintoresca región donde San Pedro y Baradero ya crecían como poblados con aspiración de ciudad.

Pero no todo fue tarea sujeta a los dictados del trabajo pacífico. Por ese tiempo, a fines de 1839, Lavalle, con la protección de la flota francesa, amenaza con desembarcar en la zona de San Pedro. Eso le comunica Rosas a mi padre. La amenaza se convierte en hecho cierto. Ya teníamos al general unitario, al frente de nutrida tropa, dispuesto a avanzar sobre Buenos Aires.

—Tiene usted, amigo Hernández, que agrupar la mayor cantidad de estancieros, organizarlos para que su peonada obstaculice el avance del inmundo unitario. Esto resulta imprescindible de ser cumplido, rápidamente. En la ciudad me basta y sobra con el apoyo con que cuento. Pero a esos traidores aislados, como lo es por caso Mariano Pueyrredón -conspirador temerario, el hombre- los haremos callar muy fácilmente.

El perentorio discurso del gobernador le heló la sangre a mi querido padre. Así me lo refirió, pasado el tiempo, cuando ya adolescente, me adiestré en los trabajos de campo a su lado. De esa reunión salió, mi progenitor, aterrado. En la antesala lo esperaba su hermano, mi tío, Juan José, distinguido oficial del ejercito rosista, que supo llegar a edecán del Genereralísimo. Salieron ambos, cabalgando. Circundaron la plaza de la Victoria, el Cabildo y la Policía, pasaron frente a la Catedral, rodean el Fuerte y llegan al Retiro. Recién entonces mi padre se animó a transferirle a su hermano sus temores: Rosas estaba dispuesto a todo, a derrotar a Lavalle y a los unitarios a sangre y fuego. ¿Qué sería del unitario Mariano Pueyrredón, quien cuidaba a sus hijos? Mi tío Juan José nada responde. Sus caballos se fueron acercando a una pulpería donde un grupo de gauchos, vestidos de rojo y borrachos, ven enemigos en cualquier transeúnte. A su paso les cantaron "violín y violón", amenazando degüello. Solamente el uniforme militar rosista de Juan José detuvo la actitud mazorquera. Entonces las cabalgaduras apuraron el paso. Prestamente sus jinetes las pusieron al galope, y así llegaron, llenos de zozobra, al caserío de Perdriel.

Llega el año 40 pleno de tensiones y con olor a guerra. Lavalle avanza. El rosismo se abroquela. Ya está el unitario presto para cazar al tigre tremendo que feroz lo espera. La Historia da vuelta la página y otra versión comienza a escribirse, una nueva Historia que nunca hemos podido explicar, nosotros los argentinos. Vencedor virtual, luego de un acecho incontrolable, Lavalle se detiene, titubea, retrocede y abandona para siempre el teatro de su pretendida epopeya. Entonces La Mazorca agranda su apetito de venganza y limpia de unitarios la faz de esa Buenos Aires sometida, que ya no palpita, que se ha quedado silenciosa y quieta.

La chacra Pueyrredón nos albergaba a mí y a mis dos hermanos, a nuestros padres postizos –Mariano y Mama Totó- y también a nuestros primos. La única sombrilla protectora de ese núcleo familiar era el jefe militar bordó, Juan José Hernández, ese hermano de mi padre que, pese a todo y por suerte para nuestra posteridad guardaba un resto de amor por la familia de su hermano Rafael -amigo y fiel servidor del Restaurador- quien a la distancia, sirviendo al indómito patrón en las faenas campestres, no se convencía de que entre los planes mazorqueros estaba pasar a degüello a don Mariano Pueyrredón... y quién sabe qué hacer con nosotros, sus hijos.

Enterado, casi por casualidad, nuestro tío Juan José, de los propósitos rosistas, urdió un fino ardid para hacérselo saber a Mariano Pueyrredón, para salvar a su familia y a nosotros, sus pequeños sobrinos. Un insobornable ex-esclavo llevó el alerta. Se armó la trabajosa huida. Largo y complicado andar de una carreta, bordeando la ciudad, de norte a sur, hasta llegar a la residencia de nuestro abuelo, ese anciano de noble prosapia que era don José Gregorio Hernández Plata. El objetivo era huir prestamente de las garras del asesino irracional.

Pero nosotros, los hijos de Rafael Hernández, no podríamos seguir el camino del exilio hacia el Brasil de nuestros tíos Pueyrredón, esos padres de crianza que nos había brindado la suerte. Nuestro exilio era interior. Era una introspección ante la soledad en la cual estábamos sumidos. Soledad de padre y madre, dato indiciario de mi modo de ser a la hora de los inventarios.

Así fue como mis hermanos y yo trocaríamos la paternidad de los tíos por la paternidad del abuelo; a los seis años, en mi caso. Mientras, los Pueyrredón, comenzaron su largo exilio en Brasil. Allí Mariano terminó sus días sin poder volver a su patria, aun recuperada para la libertad luego de la derrota de Rosas en Caseros.

En mi nueva orfandad, con mis abuelos, fue naciendo el poeta que con el tiempo apareció dentro de mí. En la nueva casa, ubicada en la Calle Larga -más tarde Montes de Oca- todo era atildamiento, prolijidad y formalismo, ahora me doy cuenta, pero ya no es algo que sepa por cuentos sino por los recuerdos que tengo de mis primeras vivencias. Sentado a la vera de esas calles polvorientas de Barracas, barrio de mi nueva residencia, veo desfilar una fauna humana variopinta, formada por soldadesca uniformada, gauchaje levantisco y embajadas de indios pampas, que van a negociar sus condiciones para sobrevivir en esa zona indefinida que la ciudad conocía como frontera. Soledad acompañada, la mía. Sin padres, con abuelos formales y con imágenes de pueblo que pasan a mi vista impresionando mi infantil mirada. Infantil pero no tan ingenua, porque hacía dos años que yo ya había aprendido a leer de corrido. Eso tenía maravillado a mi abuelo, quien, no bien cumplida mi edad reglamentaria me inscribió en la acreditada Escuela de don Pedro Sánchez, conocida como el Liceo Argentino. Recuerdo que iba caminando a la escuela, de la mano de algún integrante de nuestra servidumbre. También recuerdo que me decían con sorpresa, ya en ese tiempo: "-Que prodigiosa memoria tienes, Josecito, cuán grande y rápida es tu percepción de las cosas". Yo apenas entendía lo que me querían decir.

A la altura del Convento de las Catalinas, el Río de La Plata se mostraba propicio, en verano, para el encuentro semanal. Me estoy refiriendo al baño en esa pequeña playa que allí se formaba. A un lugar iban los hombres, cubiertos con unos trajes que los cubrían casi por entero; a otro, las mujeres, vestidas de camisones especiales. Algunas usaban sombrillas para no quemarse con el sol. De regreso organizábamos reuniones, con familiares y amigos, tomábamos chocolate, mate de leche perfumado con canela, un refresco de naranja. Yo, por ese tiempo, aun siendo un niño, era un lector infatigable, muy aplicado en el colegio, tanto que integré ese grupo de veintidós compañeros que fuimos premiados, sin costo adicional, para recibir clases especiales de francés, geografía y geometría.

En tanto mis padres, lo supe por esos tiempos escuchando referencias y relatos contados por ellos cuando nos visitaban, vivían en las inmediaciones de Baradero. En esos campos habían radicado su residencia permanente, pero mi padre continuaba haciendo vida de gaucho. Fue por ese entonces, allá por el otoño de 1843, nueve años tenía ya esta personita mía, cuando comenzó una historia que terminó en una doble tragedia en mi familia y, obviamente, impactó en mi vida. Todo empezó con un viaje de mi madre a visitarnos; se emocionó mucho al vernos, me acuerdo como nos besaba y estrechaba, quejosa de tener que volver a separarse de nosotros, sus hijos. Entonces decidió regresar al campo con mi hermana mayor y con el pequeño Rafael. Yo quedaría solo en Barracas con mis abuelos. El viaje se hizo en carreta, por caminos cenagosos que estaban arruinados. El carromato golpeaba el suelo desigual y los pasajeros apenas si podían evitar mantenerse firmes. Junto a mi madre y a mis hermanos viajaba una sirvientita mulata que en sus brazos llevaba a Rafael. Un barquinazo hizo que el pequeño saltara por el aire, apenas si pudo mi madre aprehenderlo para evitar un fuerte golpe, pero lo que no se pudo evitar fue que la sirvienta perdiera el equilibrio, se cayera del carro, y que una de sus enormes ruedas la matara. La impresión que sufrió mi madre terminó con su existencia. No dormía, revivía permanentemente el trágico accidente, sufría sofocones y alucinaciones, enfermó del corazón. Resulta evidente que la vida no da tregua: el 11 de julio de ese fatídico año también partió para siempre mi madre, lejos de mí. Cuando me entero, tenía yo nada más que nueve años, nadie me lo pudo explicar, ni yo a mi mismo. Solamente me queda el llanto... "A mi madre la perdí antes de saber llorarla", canta Picardía con sintética profundidad, prueba de que al Martín Fierro lo escribí como escribiendo mi vida.

Soy un hijo sin madre. He perdido a las dos que he conocido, la adoptiva Totó, huida sin explicación y sin aviso, y la verdadera, que estaba aprendiendo a querer de veras, pero que también partió, sin dar razón ni porqué. La tercera madrecita, porque mi abuela no era nada más que una abuela, es mi hermanita mayor. Ella me cuida con mucho cariño, pero no me alcanza; salimos de paseo por el barrio, pero esos derroteros me parecían derrotas. Sentía una tristeza profunda, apenas comía, como ausente de la vida. Una afección pulmonar precoz incrementó mi desolación. Mis abuelos me sacaron de la escuela por consejo del médico, quien aconsejó que me llevaran al campo.

Esa fue mi primera experiencia de vida de campo. Mi padre me vino a buscar, de a caballo, me ubicó en la parte delantera de su recado, y así partimos: sostenido por ese apoyo de vida que me quedaba, hacia la pampa, en dirección a Flores, para seguir a Pila, cruzar los bañados de Camarones, para por fin llegar a la Laguna de los Padres, frontera de la patria indígena.

En la estancia cercana a esa laguna aprendo a montar, lo hago en un petiso bayo, galopo primero junto a mi padre, después, de a poco, me voy animando a cabalgar solo. Me estoy haciendo gaucho. Empiezo a conocer lo que es una pulpería, a ir distinguiendo las variedades de hacienda, así como a la gente que por allí vive: distingo al gaucho baqueano del astroso y mal montado, al milico del Juez de Paz, al indio del hombre cristiano. Me voy embebiendo de nuevas costumbres, el asado con cuero me parece magnífico, descubro los encantos del fogón, escucho, lleno de miedo, cuentos sobre fantasmas, aparecidos y luces malas, duermo en el suelo sobre un simple pellón. El firmamento, en esas noches abiertas de la pampa argentina, me va indicando La Cruz del Sur, guía de mi vida. A veces pienso que si no hubiera abandonado la escuela formal mi destino habría sido la abogacía, quizá la medicina... cura, no, seguramente; pero, lo que perdí de la instrucción formal lo gané en circunstancias de vida. Si no hubiera aprendido a ser gaucho, el Martín Fierro no circularía por el mundo. Yo le estoy agradecido a mi suerte. Y ustedes ¿qué me dicen, compatriotas?

El gaucho Martín Fierro primero se encarnó en mi vida, durante esa formación del joven hombre que iba creciendo, que de niño tenía que convertirse en adolescente, después en joven para, casi de inmediato, convertirse en hombre de lanza y cuchillo, guerrero en combates formales, pero antes en entreveros con malones de indios, cerca de la frontera, en la línea de los fortines patrios. Desde fines del 43 a fines de ese emblemático año de 1852 –año de la caída de Rosas- yo fui forjando mi personaje literario inmortal en mi propio modo de ser. Al lado de mi padre y de la "pionada". Durante ese tiempo me hice silencioso, pero también cantor; introvertido pero payador; observador de la naturaleza pero polemista en pulperías y fogones. Aprendí a obedecer y a ser obedecido. Supe de bailes y amoríos; a escondidas de su madre visité a una moza de ojos como luceros. Me hice diestro y fuerte, fortísimo hombre, en peso y en tamaño.

Vivíamos, con mi padre y mis hermanos, alternativamente, en los pagos de Camarones, al sur de La Plata, entre Pila y las Flores, y en la estancia cercana a Laguna de los Padres, próxima a las playas del Atlántico. Allí aprendo a contar cuentos fantásticos al lado de un fogón, me hago resero, boleador de avestruces, vizcachero y hasta llego a perseguir venados. Experimento los placeres de la vida, esos primeros goces que nos mantiene despiertos, abierto el apetito incentivador de nuestras sensaciones, gano y pierdo jugando al monte, lúdica forma de afrontar los días; se de la pasión primaria que produce una riña de gallos, apuesto en las carreras cuadreras, juego al pato y hasta ensarto sortijas. Me convierto en un diestro tirador de taba. A Martín Fierro ya lo siento dentro de mi; falta la estrella y la inspiración que lo hagan nacer, para ponerlo a circular en el imaginario popular.

Viajé poco a Buenos Aires durante ese tiempo de formación gauchesca, solamente para visitar a mi Mama Totó. Durante una de las visitas más largas que realicé, lo recuerdo como si fuera hoy, me tocó conocerlo al ilustrísimo patriota, mi tío bisabuelo don Juan Martín de Pueyrredón, que estaba expatriado desde hacía tiempo: esa augusta figura de la patria estaba en Buenos Aires. Corría el año 1849, lo recuerdo muy bien, Mama Totó me llevó a conocerlo en la quinta donde se alojaba. Miré perplejo esa figura salida de la historia, como de uno de esos libros que yo devoraba apasionadamente. Era como revivir las invasiones inglesas y la reconquista. Doble fue la impresión que tuve, a los dos meses del encuentro, cuando me enteré que Pueyrredón había muerto. Fugaz encuentro, largo el impacto en mi corta vida.

Después de Caseros,
una vida de gaucho transfigurada

Después de Caseros mi vida fue un deambular por la incertidumbre sobre quién soy, qué hacer, cómo lograrlo. Había crecido sin madre visible: orfandad generadora de soledad. "Pobre de mí" era mi lamento interior. Mama Totó había regresado del Brasil, muerto mi tío Mariano, aun antes de la caída de Rosas, de modo que yo la había visitado, en escapadas fugaces, anhelante de mimos y de sus dulces palabras. A los dieciocho años era un gaucho adiestrado, un gauchito diría yo, pero no un hombre cultivado. Apenas con una voracidad interior por leer todo lo que caía en mis manos -¡cuán poco era!-, materiales que me alcanzaba mi padre para que fuera cultivando esa memoria prodigiosa que me caracterizaba. Pero solamente eran libros, contenedores de temas diversos. Formación anárquica la que fui logrando; muy pocas veces leía periódicos, y los pocos que veía estaban teñidos por la divisa rojo punzó: siempre con el mismo discurso contra los "salvajes, inmundos, feroces unitarios".

Lo único que sentía como vivencia auténtica era que yo quería entrañablemente a Buenos Aires. Al interior lo veía distante e ignoto, salvo a esos campos bonaerenses que eran, para mí, como un aledaño inseparable de la ciudad. Si bien Rosas era el gobernador de Buenos Aires, y mi padre su amigo y administrador de campos, yo lo respetaba, pero sin quererlo. Ese hombre imponente había determinado que esa Mama Totó que había adornado mi infancia con la cálida ternura que siempre necesita un niño, tuviera que huir, junto a mi tío, para no caer en las garras de los esbirros que lo servían irracionalmente. No podía quererlo, a Rosas. Pero sí a Buenos Aires, ambiente urbano cuyo recuerdo me mantenía preñado de añoranzas.

Caseros abrió una dicotomía en mí. Instaló otra incertidumbre en mi vida interior. Agregada a la ausencia maternal, experimenté una ausencia de ideas sobre el deber ser, sobre cómo orientar mi vida en la lucha política que pasaba ante mis ojos como realidad ineludible. Como era un gaucho bonaerense me encontraba hermanado con ese coro de lamentos que se instaló en la pampa de mi provincia, ese fatídico -para los gauchos- 3 de febrero de 1852: el gauchaje está triste porque sabe que la ausencia de Rosas será definitiva. Yo estuve ausente de la lucha armada en el campo. A Caseros, me estoy refiriendo. En cambio, quien estuvo presente y allí murió fue mi tío, hermano de mi padre, el coronel Juan José Hernández. Se murió de tozudo no más, por querer enfrentar él solo el desbande de las milicias del Restaurador. Tengo dieciocho años, conecto mis antenas, escucho para entender y poder decidir: mis hermanos, los gauchos, consideran a Urquiza un traidor antinacional, que ha pactado con los brasileños y los orientales. Entonces, me pregunto ¿quien manda en Buenos Aires? El más popular es Bartolomé Mitre, pero a quien se lo va a designar gobernador es a Valentín Alsina. Ambos antirrosistas acérrimos, pero bonaerenses a carta cabal.

No cabe duda que ha llegado la hora de dejar el lazo y tomar la lanza, para pelear en la milicia de Buenos Aires, esa patria chica que yo tanto quiero. Ya están los unitarios en el poder de la provincia. Yo en cambio deambulo de pulpería en pulpería, escuchando, sin saber qué hacer. En Dolores me entero de que el manco Paz, el muy famoso e invencible que derrotara tantas veces al Facundo, va a hacerse cargo del ejercito porteño. Se viene la guerra con Urquiza. El calor resulta insoportable ese verano del 52. Mi caballo va al trote, cubierto de sudor. En el boliche del vasco Altolaguirre escucho que el coronel Hilario Lagos, prestigioso militar federal, ahora adicto al ejército de Buenos Aires, ha cortado relaciones con su jefe Paz. Sigo mi camino y me dicen que Lagos, el guapo, ha llegado a un acuerdo con Urquiza para levantarse contra las fuerzas porteñas. Es hora de definiciones: yo soy porteño, no puedo seguir como un cómodo testigo, debo alistarme en el enfrentamiento, lo hago a favor de mi ciudad natal. Es por eso que combato en la ya olvidada batalla del Rincón de San Gregorio, el 23 de enero de 1853, a las órdenes del coronel Pedro Rosas y de Belgrano, hijo adoptivo del caudillo punzó. Apenas si tengo diecinueve años recién cumplidos. La batalla resulta un verdadero desastre para nuestro alineamiento militar, detienen a Pedro Rosas y degüellan a su segundo, el coronel Faustino Velazco; la tropa se dispersa como flor de cardo llevada por el viento. Yo marcho hacia el norte. El hombre que nos derrota es el general Gregorio Paz. Asisto al degüello del coronel Velazco. La indiada que lucha con nosotros se dispersó dando siniestros alaridos, entonces no hicieron otra cosa que saquear cuanto hallaron. Como el mundo es chico en la extensa pampa argentina, no resulta extraño que, a campo traviesa en mi huida, jineteando con otros compañeros de la derrota, escuchara en un cruce de caminos acercarse a dos jinetes: frenan sus caballos, me fijo bien y, casi como si los esperara, me encuentro con infinita emoción con mi padre y con Rafael, mi pequeño hermano.

No queda otra, sino volver a las tareas de gaucho, en Camarones y la

Laguna de los Padres. El inglés Guillermo Enrique Hudson ha dicho que fuimos dispersados como flor de cardo y fue cierto.

Entonces comienza un tiempo nuevo donde mi abatimiento interior me lleva a leer, con mucha asiduidad, el nuevo periodismo liberal que se ha instalado en Buenos Aires. Será muy liberal ese periodismo, pero está cargado de odio y de resentimiento contra Urquiza y se habla pestes de la barbarie que es el interior del país. País dividido substancialmente por un filoso cuchillo que nos desangra: los unitarios quieren borrar a los federales, los hijos de la orgullosa Buenos Aires quieren someter a su autoridad a las provincias, los doctores menosprecian a los gauchos: Mitre y Alsina son la libertad, Urquiza es el Rosas resurrecto, que nos volverá a instalar el despotismo. Leo con toda atención esa prensa combatiente pero unilateral. Hago alguna escapada a Buenos Aires, para estrechar y besar a Mamá Totó, y tratar de entender, estando cerca, la nueva realidad. Se escucha nuevamente ruido de lanzas y sonar de cañones: Hilario Lagos ha vuelto a sublevarse. Entonces la nueva convocatoria militar obliga a decidirme. Me tendré que batir, por segunda vez, con Hilario Lagos, y lo hago. El episodio se produce el 8 de noviembre de 1854, ambas fuerzas chocan en El Tala, pero ésta vez experimento el placer excitante de la victoria. Al poco tiempo decido abandonar la milicia sin sentirme acreedor al premio que me corresponde como oficial vencedor -lo había dispuesto la ley del 11 de noviembre del 54- premio que no reclamo.

Estoy de hecho incorporado en las filas del porteñismo, no como unitario, no como "rosín", sino como federal de Buenos Aires, unido a los unitarios de la Ciudad, para combatir juntos al enemigo común, que no es otro que Urquiza. Gran paradoja del destino, poco tiempo después me haría urquicista furibundo. Andaré penando como un híbrido político, jineteando al lado de los rosistas Belgrano y Rosas, del unitario Matías Ramos Mejía -el que llevó los huesos de Lavalle hasta Potosí por la Quebrada de Humahuaca- hombre legendario de la Revolución del Sur.

¿Será éste mi nuevo destino? La pregunta no tiene convicción. Ser gaucho me fascina, ser milico me deprime, lo hago solamente como consecuencia de un deber implícito. Me he incorporado en el escuadrón de un tal rengo Sotelo -de cierta fama en ese entonces- en calidad de teniente. Pero siento que esa actividad no me atrae. Veo al país sumido en la anarquía, diariamente me pregunto ¿Cómo sacar al país de esa triste situación? Siento que con la lucha armada no alcanza. Para entonces, Urquiza ha logrado hacer jurar una Constitución en 1853, pero con Buenos Aires al margen de la unidad nacional. Mitre, Alsina, Sarmiento, pretenden hacer de Buenos Aires un país independiente. Empieza a parecerme que esa no es mi línea de pensamiento, que no puedo entregar mi suerte y destino a semejante proyecto. Voy de fogón en fogón, de pulpería en pulpería, buscando un pequeño rayo de luz que ilumine mi camino, pero es inútil, los gauchos no razonan, no discuten. Ellos solamente actúan, al son de la guitarra, realizando su patriada. Algo así como si la suerte estuviera echada. Ellos se entregan, matan y mueren, sin pedir ni exigir nada. Por eso es que los señoritos de Buenos Aires los tratan de bárbaros, a los gauchos. Y el jefe de los gauchos, antes Rosas, es ahora Urquiza.

Todo eso hace que profundice mi razonamiento. La guerra no puede ser una solución. Basta de chuzas, de fusiles y de metralla, es el dictado de mi conciencia que golpea cada vez más fuerte mi fuerza de decisión. Durante uno de mis viajes a Buenos Aires -corría el invierno de 1855- me dedico a recorrer la ciudad palmo a palmo, a tranco de caballo, cruzo la plaza de Mayo, entro a la de la Victoria, paso delante del Cabildo, el cuartel de policía queda a mis espaldas, observo la antigua Catedral, atravieso la plaza del Mercado; identifico residencias ilustres, como las del coronel Mitre y la del famoso músico Esnaola; admiro la construcción de un nuevo gran teatro, que han dicho se llamará Colón, teatro que se levanta bajo la inspiración del poeta y militar Hilario Ascasubi. Ya me ha cansado el recorrido, veo una pulpería en la calle de la Piedad, antes de llegar a 25 de Mayo, desmonto y entro, para refrescarme el garguero. Otra vez el encuentro: sentado en una mesa está mi padre, junto a Rafaelito, que apenas si tiene dieciséis años. No hay mayor animación, en nuestro diálogo. Mi vida interior se debate en un dilema que ya mi padre no puede ayudarme a resolver. Salgo solo, retomo a mi recorrida, me cruzo con un queridísimo amigo, que no es otro que Estanislao del Campo, célebre poeta a quien tanto admiro.

Estoy sediento de cambios, harto ya de tanto dar vueltas ¿para qué? simplemente rutina. Por rutina ingreso al café del vasco Zubiarre, lugar más decente que la reciente pulpería. Allí alternan gauchos y señoritos, conviven sin estrépito. Avizoro una mesa de elegantes, alguien desde allí me llama, es el francés Mauricio Fabre. Me doy cuenta que no solamente soy gaucho: también puedo alternar con gente de pensamiento. En la mesa se debate el tema del momento: la beligerancia entre el Buenos Aires de Mitre y la Confederación de Urquiza. Entonces se escucha la elevada voz de don Nicolás Calvo, doctrinario y periodista de reconocido talento. Su criterio domina el ambiente: él aboga por la "reforma pacífica mediante la preeminencia de la razón", dejar de lado la guerra entre hermanos, apostar a la paz constructiva. Su claro pensamiento me galvanizó. Allí se definió mi futuro. Sería, de ahora en más, hombre de pensamiento, de letras, de pluma, no de espada, lanza ni fusil. Empero, como tantas otras veces, el hombre propuso y una decisión de índole superior dispuso... En Cepeda y en Pavón, también en Ñambaé, las circunstancias me hicieron tomar las armas y dejar la pluma.

Pero la pluma la comencé a ejercitar a partir de la convocatoria que instalara en mi espíritu Nicolás Calvo. Esas primeras armas a través del intelecto las ejercité en el periódico dirigido por Calvo que se denominó, precisamente, *La Reforma Pacífica*. Todo el año 1856 estuve dedicado a misturar tareas de campo con actividad periodística, remitiéndole a Nicolás notas para ser agregadas a esas batallas de la inteligencia, verdaderas luchas del cerebro, que fueron forjando mi personalidad de incipiente escritor, que quería algún día ser poeta. Entonces comienza un duro tiempo para mi, desconocido tiempo de revanchas y reproches, pues no se me perdona ser, al mismo tiempo, soldado del ejercito porteño y predicar la paz por vía del ejercicio periodístico. Me empiezan a llamar "gaucho bárbaro" y desvergonzado secuaz de Urquiza.

Esa zarabanda de críticas me termina convirtiendo. Me convence a mi mismo de que sí, de que efectivamente soy o terminaré siendo, con toda mi alma, ferviente urquicista. Es decir un gaucho en mis costumbres, pero un señorito en mis ideas; un porteño que no reniega de la unidad nacional. Por eso me reconozco como nacionalista. Con ese espíritu me entrego a la brega periodística. Mientras dirijo el faenamiento del ganado, no dejo de seguir con toda atención el acontecer público. Así me entero, a fines de enero de 1856, de que el bravo general Jerónimo Costa, heroico defensor de la Isla Martín García cuando fuera atacada por los franceses, en los tiempos de Rosas, acaba de desembarcar en Zárate, encabezando una insurrección contra el gobierno de Buenos Aires. Se le suma mucho gauchaje a la convocatoria de Costa, yo mismo comienzo a adherir al movimiento. Pero no puedo entrar en contradicciones conmigo mismo. Yo estoy por la "reforma pacífica": no más violencia en nuestra patria.

La movilización porteña contra Jerónimo Costa es inmediata y tremenda. Se lo trata a él y a sus secuaces como criminales y anarquistas. Un bando del Gobierno dispone que "todo aquel que haga causa común con los anarquistas capitaneados por Costa será pasado por las armas sin juicio previo, pero con los auxilios espirituales". Preparo una nota periodística donde pronostico que estamos a la puerta de reiterar en el país la tragedia de Navarro, aquella que ensangrentó la historia argentina sacrificando la vida de Dorrego.

Tengo veintiún años, ese 4 de febrero del 56, lo recuerdo vivamente. Mientras caminaba por Buenos Aires, buscando ese sosiego que nunca encontraba -transitaba la calle Bolívar- una volanta pasó junto a mi, miro de soslayo y, qué sorpresa, veo una cabeza de mujer que se asoma, claro que la conozco: es rubia, de ojos azules, su belleza resalta en el marco gris de su carruaje, es Mercedes Rosas de Rivera, hermana de Juan Manuel de Rosas. Mercedes me ha visto y me ha hecho señas de subir, advierto un signo imperativo en su convocatoria. Miro a ambos lados, no hay gente extraña, subo entonces lleno de ansiedad. ¡A Mercedes la conozco desde mi niñez! ¡La he visto en tantas reuniones familiares! Tiene los ojos enrojecidos por haber llorado y la voz entrecortada por la pena: el día anterior –me cuenta- Jerónimo Costa ha sido asesinado, en los campos de Villamayor, en la zona de Matanzas. Costa fue descubierto mientras tomaba mate, a la sombra de un rancho. Entregó su espada en señal de rendición, sin ofrecer resistencia. En respuesta, sin ningún aviso, un oficial regular del ejército porteño lo atravesó con su espada. Luego la escolta lo ultimó, degollándolo, dejando su cadáver abandonado para que sirviera de carne a los caranchos. Mercedes me cuenta que ha tenido que pedirle al gobernador Pastor Obligado, autorización para recoger el cuerpo del desdichado Costa y poder darle sepultura.

La barbarie se repite sin distinción de bandos en todo el país; recuerdo que lo mismo ocurrió con la cabeza de Marco Avellaneda, en Tucumán, en los tiempos del Restaurador. Por mi memoria, en persistente repiqueteo, se reitera el recuerdo del mensaje ideológico de Calvo: "basta de sangre, basta de metralla, de fusiles y de chuzas". Mercedes me pide que la acompañe a la dolorosa misión de dar sepultura a Costa: ése era el destino de su viaje. Le tomo la mano en señal de solidaridad y para allá partimos. Es casi de noche cuando la volanta llega al rancho donde, en el suelo, tapado con su poncho paisano, descansa el exánime cuerpo de Jerónimo Costa. Es un bulto que hay que recoger. Cuando lo miro no puedo reprimir el llanto. Recuerdo que las hazañas de ese hombre me fueron relatadas por mi padre, en muchos fogones de nuestra vida de campo. Dos mulatos cargan el cuerpo de Costa y lo depositan en la volanta, Mercedes y yo acompañamos al conductor en el pescante. Iniciamos el regreso a Buenos Aires, sobrecogidos por el dolor y es fuerte la impresión que nos embarga. El viaje se convierte en un tétrico transitar por la pampa. Una patrulla militar nos detiene a la altura de Barracas y solamente la autorización por escrito que portaba Mercedes nos evita ser detenidos. Al día siguiente un fraile de San Francisco, sin otra ceremonia ni cortejo, reza un responso y ordena la sepultura del héroe de Martín García, en el cementerio del Norte. He sido testigo de un hecho tétrico e imborrable. Al día siguiente *El Nacional*, redactado por Sarmiento, le otorga un lugar de preferencia al infortunado acontecimiento: "Han muerto o han sido asesinados en el acto de ser aprehendidos Bustos, Costa y Olmos. Se han tomado como trofeos: la espada de Costa, ruin y mohosa. El Carnaval ha principiado...".

El episodio ha golpeado fuertemente mi ya sensibilizado estado de ánimo. No puedo seguir siendo miliciano del ejército de Buenos Aires y sentir tanto repudio por lo que están haciendo sus hombres, al amparo de una guerra fratricida que se invoca como santa. Es por eso que luego de leer *El Nacional* me dirijo prestamente a la redacción de "La Reforma Pacífica". Allí encuentro a Nicolás Calvo en gran estado de ebullición, redactando una nota, muy dura nota, criticando la sangre derramada a costa de la vida de Jerónimo Costa. Me acoplo a la tarea con gran decisión, juntos definimos el contenido editorial que saldrá el día siguiente.

Mi vida continuará sin mayores alternativas, durante ese año de 1856 hasta promediar 1857, año fatídico para mi vida -ahora vida de gaucho, miliciano y periodista en ciernes- fatídico porque me encontré con la muerte de mi padre. Si trágica fue la muerte de mi madre, hacía ya catorce años, producto de extraña enfermedad luego que una muy querida servidora fuera atropellada por su propio carruaje, mucho más lo fue, ese atropello de la naturaleza que le dispensó la pampa a Rafael Hernández, mi padre. Esa pampa a la cual él sirvió con tanto esmero y que me hiciera y formara como el gaucho Martín Fiero. Esa pampa fue el escenario donde los elementos desatados por una tormenta del infierno eligieron la sobria frente de mi padre para, delante de su hijo menor, Rafaelito, alcanzarlo con un rayo que lo dejó tendido... Bueno, si los argentinos matábamos sin juicio previo, ¿por qué la irracional naturaleza iba a notificar a los hombres peligro alguno? El accidente ocurrió el 5 de junio del año 57. Ese día recorría yo el campo de la provincia, apareado a mi escuadrón, al cual me había incorporado casualmente, porque, preparando mi pedido de baja, había solicitado licencia para ir a visitar a mi padre y a mi hermano. Visita que no realizaría jamás. Nunca más vería a mi padre. Yo había encontrado a esa tropa mía luego de bordear la laguna La Deseada, los había sorprendido cazando ñandúes. Fue entonces cuando, estando de licencia, me reintegré, de hecho, a mi puesto. Cuatro días, con sus noches, ya habían transcurrido desde el encuentro, cuando el horizonte se cubrió de negro, el temporal nos cubrió rápidamente, rayos, truenos, un diluvio incontenible nos obligó a guarecernos bajo el primer bosquecillo que encontramos. Sentí de pronto un extraño presentimiento, es que los rayos caían por doquier, una desazón incomprensible me invade, no me entiendo... ¿Ya me he olvidado que soy un gaucho acostumbrado a soportar el rugir de la naturaleza? El temporal amaina, el escuadrón continua su camino, se toma su tiempo para churrasquear al lado de un fogón querendón que nos entibia a todos. Seguimos nuestra marcha y, cuando galopábamos por los campos de "La Tordilla" diviso, a la distancia, unos montados que se nos acercan, fijo aun mi mirada, no puedo creerlo, uno de los potros es el azulejo de mi padre ¿qué hace él por estos pagos? Pero no es mi queridísimo padre sino mi hermano Rafael. No desaparece por ello mi sorpresa. Veo que Rafael no levanta su mano en señal de saludo, ni da muestra alguna de regocijo. Cuando estamos apareados, clavo mi mirada en el rostro todavía muy juvenil de Rafael, éste mueve sus labios, pero no salen palabras. Está llorando. Le tiendo mis brazos, sin desmotar, nos estrechamos, así permanecemos en silencio, yo sin comprender ni querer preguntar. -A papá lo fulminó un rayo antes de ayer, lo vi caer casi a mis pies. Entonces comprendí que ahora sí, a partir de allí, cambiaría mi vida.

A la mañana siguiente de pasar tan tristes momentos, sin que mi hermano y yo hiciéramos ningún comentario a la gente con quien estábamos, ambos nos separamos para seguir cada uno nuestro destino. Lo veo alejarse, a Rafael, contrito mi corazón, pero yo ya sabía que él sería, de ahora en más, el inseparable compañero de mi vida en todas mis andanzas, y yo en las de él, hasta el postrer momento en que me despedí de este mundo. Me quedé con el sombrero de mi padre, quemado por el rayo que lo mató. Nunca dejé de conservarlo como reliquia familiar.

Durante ese año 1857, cuya tragedia íntima acabo de recordar, hice mis primeras experiencias en la arena política, no como candidato, claro está, pero sí, al menos, tomando posición en la puja de los partidos que existían en Buenos Aires en aquellos tiempos. Como me sentía urquicista por el federalismo de sus consignas, me encontré hermanado con el partido de los "chupandinos", como nos calificaban los unitarios de Mitre, no sé si para hacernos fama de curdas. Nosotros les devolvimos la atención y comenzamos a llamar, a los porteños centralistas de Mitre y Valentín Alsina, con el apodo de "pandilleros", porque eran pocos, apenas nomás una pequeña "pandilla" o congregación de adeptos. Ellos tenían como candidato a Alsina, nosotros postulábamos a Juan Bautista Peña. Nosotros operábamos en las parroquias de Concepción, Balvanera, Monserrat, San Telmo y Catedral del Sur; ellos, en todo el sector norte de la ciudad. Utilizaban la prensa de Sarmiento, que dirigía *El Nacional*, *Los Debates* de Mitre y *La Tribuna* del hábil cordobés Vélez Sarsfield. Nosotros hacíamos lo que podíamos con *La Reforma Pacífica* del inefable Nicolás Calvo. Los enfrentamientos eran "a cara de perro", tanto que se supo que Sarmiento y Calvo, luego de discutir en el Club del Progreso, se encuentran al día siguiente en la calle y –nada pacíficamente- se tomaron a bastonazos y golpes de puño, terminando ambos con una bochornosa citación a la Comisaría. Espantosa enemistad hubo entre Calvo y Sarmiento, sentimiento que se trasmitiría a mi persona.

Si ésas fueron mis primeras experiencias de militancia política al lado de los chupandinos, las elecciones del 29 de mayo del 57 me permitieron ser testigo del primer fraude, escandaloso fraude, producido por el Gobierno de Pastor Obligado, a favor de Valentín Alsina. Así fue ungido el nuevo gobernador de la Provincia. Es allí cuando me doy cuenta de que no basta con ser culto para instalar un sistema democrático viable; es preciso, además, ser sincero respetuoso de la ley y de los procedimientos que la aplican. Que no bastaba con ser culto y que se requería algo más lo experimenté en carne propia. Estábamos en un bar del centro de Buenos Aires, ya próximas las elecciones. En la mesa que yo ocupaba había amigos míos partidarios del porteñismo, uno de ellos me acusa de hombre de la Confederación, a mí que estaba silencioso, sin querer tener discusión de ninguna especie. Me provoca, me ofende, no hay más remedio que batirse a duelo al día siguiente. Nos enfrentamos utilizando el sable como arma para dirimir el desafío, y en pocos segundos observo que mi sable se tiñe de sangre. He ganado. Me retiro prestamente, pero no gozoso. Se que no lo he herido de gravedad, pero he lesionado a un amigo, por razones políticas justificadas, pero no he podido ser fiel a mis convicciones pacifistas.

Después de las elecciones y de haber muerto mi padre no vuelvo más a los trabajos de campo que me hicieron gaucho y potencial Martín Fiero. La baja de la milicia también se ha confirmado. En ese tiempo me convertí en un fino caballero de veintitrés años. Visto de negro, al estilo de la época, pero mi porte no puede ocultar mi condición de paisano; tampoco soy esbelto, tipo usual en el señorito de la ciudad, sino de recia complexión física, macizo, de enorme tórax, erguida cabeza, implantada sobre un cuello taurino, ancha frente, ojos algo oprimidos por la gordura, mirada bondadosa pero firme, negra cabellera, barba entera, bigote fino y caído, todo lo cual me hace representar más edad que la que tengo. Mis brazos se mueven en amplios ademanes, soy ligeramente estevado, de modo que la mole de mi cuerpo parece más leve.

Escribo en *La Reforma Pacífica*, donde firmo con el seudónimo de Vincha o con una simple V, para ganarme la vida, y frecuento el Club del Progreso; no estoy ausente de las confiterías distinguidas, ni tampoco de los salones de las pocas familias adictas al partido federal que aún subsisten en Buenos Aires: entre ellas se destaca la casa de doña Mercedes Rosas de Rivera, hermana de Juan Manuel. Allí estoy presente los jueves por la noche en tertulias que tienen estricto carácter íntimo.

En las reuniones del Club del Progreso me encuentro con Estanislao del Campo, amigo entrañable, joven poeta de mi misma edad, autor de versos gauchescos que, sin embargo, no son de mi agrado. Algo parecido me ocurre con la obra poética de Hilario Ascasubi, señor ya mayor, que pertenece a una generación distinta a la mía. Sin embargo la lectura de esos poetas va dejando cierta huella en mi espíritu; me produce mucho interés el hecho que Del Campo utilice el seudónimo "Anastasio el Pollo" al firmar su obra, y que, haciéndose costumbre en el género, Ascasubi haga lo propio denominándose "Aniceto el Gallo". Yo no sería ni Pollo ni Gallo -digo para mis adentros- sí un tal Martín y un cierto Fiero. Pero la relación con los escritores porteños se encuentra determinada por razones políticas, más que otra cosa, ello queda bastante claro para mí. Yo soy para todos en la ciudad un federal urquicista, para muchos un rosista casi mazorquero, por el sólo hecho de que mi padre hubiera tenido relación de amistad con Rosas. Eran impropios dichos encasillamientos, yo nunca había sido rosista. Mi amistad con Mercedes, la hermana de Rosas, era una simple relación de familia, pero no una vinculación política. Ya para esos tiempos tenía en claro que el Restaurador había sido un tirano que no merecía aprobación –salvo por lo hecho frente al invasor extranjero, actitud intachable para un hombre de pensamiento federal y nacionalista, como lo era yo, pero que también se sentía auténticamente liberal. Sé mirar de frente a mis contrarios, siempre los respeto y porque piensen diferente no les niego por ello estimación.

En *La Reforma Política* integro un grupo de periodistas y escritores con quienes voy aprendiendo el oficio. Carlos Guido Spano, Plaza Monteros, Garrigós, Iriarte, Irigoyen, González del Solar... comandados todos ellos por Nicolás Calvo, son mis compañeros de trabajo. Todos estamos afiliados al partido federal. Entre ellos destaca la amistad que le profeso al poeta Andrés González del Solar, cuya familia frecuento. Andrés tiene dos hermanos varones, Melitón, de mi edad, y Nicanor, un chiquilín de nada más de doce años; también están dos dulces hermanitas, Teresa y Carolina, hermosas y delicadas, por quienes siento sincero afecto. El tiempo haría que el amor fundiera mi vida con una de ellas, madre luego de mis nueve hijos.

El ambiente político en Buenos Aires, cuando ya llegamos a 1858, se va enrareciendo para nosotros (los federales adictos a Urquiza). La persecución se intensifica. Obligan que el frente de la casa de Bernardo de Irigoyen, ferviente federal, que estaba pintada de rosa, cambie su color por orden policial, de modo tal que pase a ser amarilla o blanca. Claro infantilismo argentino. A Lucio V. Mansilla lo mandan detenido durante tres meses por el hecho de haber arrojado un guante a la cara de José Mármol, con el agregado de entregar cien mil pesos de fianza para el hipotético caso de que Mansilla pudiera atacar de hecho a Mármol. De todo esto soy testigo. Y de las partidas policiales que arrean al gauchaje en forzosas levas para formar los tristemente famosos cantones de frontera. Voy tomando nota de ello como futura línea argumental del Martín Fiero.

No quiero olvidar el retrato que de mi ha hecho ese buen amigo mío que ha sido Lucio V. Mansilla, autor de ese notable relato que él titulara "Una excursión a los indios ranqueles". En esos relatos me incluye como personaje, para compararme con el rechoncho cacique Melileo: "Imaginaos a Orión -así le decían a Héctor F. Varela- en un día de público regocijo en la Plaza de la Victoria, subido sobre un tablero, luchando a brazo partido por cargar y levantar a nuestro cofrade Hernández, cuya obesidad globulosa toma diariamente proporciones alarmantes para los que como yo lo quieren, amenazando a remontarse a las regiones etéreas o reventar como un torpedo paraguayo, sin hacer daño a nadie; imaginaos eso, vuelvo a decir, y tendréis una idea de lo que me pasó a mí durante mi faena hercúlea con Melileo". Agradecido por tu retrato querido Mans
mano Rafael también ha recordado mi condición de fortachón: dice que yo era capaz de hacer caer a los potros, mientras los domaba, con sólo apretarlos con mis piernas, demostración circense que no quiero desmentir.

Rafaelito, mi hermano, se ha enfermado en la localidad de Lobos, donde él vive; allí me dirijo presto, para atenderlo y hacerle compañía. Cuánto me enseña, ése que va a ser el último viaje a los campos de Buenos Aires, antes de mi éxodo a Paraná. Veo cómo la partida policial levanta a los gauchos, con qué prepotencia lo hace, veo el actuar mañoso y comprometido del Juez de Paz, veo la soledad y la indigencia en que quedan las familias, veo la razón de la triste fama de esos célebres "comandantes militares", socios del juez en el ejercicio autoritario del poder junto a los no menos famosos comisarios. Ése es el libreto de la ya entonces emergente literatura gauchesca.

Cuando regreso a Buenos Aires leo que hasta el mismísimo Sarmiento se ufana de que el porteñismo utilice el terror como metodología de acción política: "Fue tal el terror que sembramos entre toda esa gente -se refiere a los opositores al Gobierno- que en las elecciones del 29 triunfamos sin oposición. Los gauchos que se resistieron a votar por los candidatos del gobierno fueron encarcelados, puestos en el cepo, enviados al ejército para que sirviesen en la frontera con los indios y muchos de ellos perdieron el rancho, sus escasos bienes y hasta su mujer". Esto escribía el gran sanjuanino en su diario *El Nacional*. Desde entonces comencé a tenerle especial ojeriza a ese tremendo hombre público que era, ya por esos tiempos, Sarmiento. Se hace difícil, en ese contexto, el ejercicio de la libertad de prensa. Frente a esa situación Nicolás Calvo decide la clausura de su periódico, reúne a la gente de *La Reforma Pacífica* y nos comunica que partirá para Entre Ríos. Era Urquiza la fuerza convocante, no cabía ninguna duda. Por eso fue que, a la primera insinuación de Calvo, decidí ser de la partida. No sólo por aprecio hacia él sino porque ¿qué haría en esa Buenos Aires hostil y sin trabajo?

De mi querida Buenos Aires a la Confederación de Paraná

Embarcamos en dirección a Paraná, a principios de 1858, con Andrés González del Solar, mi futuro cuñado. Nicolás Calvo, que había sido elegido senador por Corrientes, se uniría a nosotros recién en abril de 1859. Estábamos muy tristes, presagiando días oscuros para nuestra patria. Yo era pura desazón, porque tampoco sabía qué haría en mi nuevo destino ni de qué trabajaría. Luego de pasar a la vera de Rosario, arribamos a la famosa Bajada del Paraná, una noche de marzo de 1858, me parece (aunque revisando viejas cartas y documentos, ellos aluden a que mi partida pudo haber ocurrido en el 55, pero no hagamos de esto una cuestión de fondo: que los historiadores se las arreglen). Al día siguiente desembarcamos, estábamos en la ciudad capital de la Confederación Argentina. Allí tenía su residencia el Gobierno Nacional. Urquiza llevaba adelante un gobierno de prosperidad, que los porteños ocultaban pero que -no podía negarse- dejaba huella. Le había encomendado a los sabios franceses Amadeo Jacques y Augusto Broard que realizaran estudios para explorar las provincias del norte argentino y un relevo de posibilidades para futuros emprendimientos. Le había encargado al ingeniero norteamericano Allan Campbell estudios para construir el ferrocarril de Rosario a Córdoba. Había fundado en Paraná el Museo de Historia Natural. Había dispuesto la impresión de las obras de Martín de Moussy, a quien le encargó un trabajo descriptivo y estadístico general sobre la República. Hasta había establecido un premio para quien hiciera el mejor trabajo sobre clasificación de las tierras públicas en el país. Evidentemente no todo era barbarie en la patria provinciana.

Fue entonces cuando tomé conciencia de mi desorientación, de lo difícil que me sería ubicarme en el nuevo ambiente, sin trabajo ni conocimiento de gente en la sociedad entrerriana. Si lo hubiera tenido cerca a Calvo, la cosa habría sido más fácil. Una simple y muy humilde fonda fue nuestro apoya-huesos, con muy poca plata en el bolsillo, al menos en mi caso. Pero había algo distinto que generaba confianza: el "viva Urquiza" estaba a flor de labios de los entrerrianos. Era cuestión de entrar a hacer relaciones, que hablando la gente se entiende. El mismo día de la llegada salí a recorrer el centro, por la bajada que conduce al puerto encontré una pulpería, su propietario era un vasco; los clientes, en su mayoría, gauchos. Me siento en mi ambiente, allí se toca guitarra, se cuentan relatos, se bromea, hay alegría por todos lados. Pero con eso no alcanza, tengo que conseguir trabajo.

El primer día de Paraná fue de mero reconocimiento, no entablé relación con nadie. La ciudad era acogedora, con ello me bastaba, por el momento. Al día siguiente, antes de salir de la fonda conté mi dinero y advertí que solamente me alcanzaría para un par de días. Tendría que hacer jugar a mi imaginación... y bien que lo logré. Verán ustedes. Corpulento y fuerte como soy estaba decidido a todo. Caminaba a paso vivo, vestido de levita y con galera alta, según era mi costumbre, cuando veo frente a un negocio un carromato cargado con pesados bultos que un pobre hombre, sin fuerza para ello, descargaba lenta y penosamente. El dueño del negocio, impaciente, lo increpaba levantando la voz. Entonces comprendo que ha llegado mi hora y procedo. Me acerco, dimensiono el tamaño de lo que se debe cargar, me saco la levita para no ensuciarla, me arremango la camisa, y, con toda naturalidad, sin dificultad alguna, tomo dos bultos por vez, y en forma sucesiva los entro al negocio frente a los ojos azorados de su dueño. Termino la descarga y dejo la mercadería en orden, perfectamente apilada cerca del mostrador. Me arreglo la ropa y me dispongo a marcharme tras saludar cortésmente al propietario. Esa teatralización produjo el resultado esperado, mejor dicho: mucho más de lo esperado. El susodicho dueño se llamaba Ramón Puig, me hizo pasar al escritorio, indagó quién era, mis conocimientos y habilidades, de modo tal que comprendió rápidamente que yo no podía ser contratado como changarín. La suerte estaba de mi parte, porque el hombre hacía un tiempo que precisaba contratar un tenedor de libros y no me costó convencerlo de que yo estaba en condiciones, perfectamente, de realizar dicha tarea. Había encontrado trabajo en Paraná.

A partir de allí la cuestión consistió en vincularme socialmente en el nuevo ambiente. Comienzo a frecuentar el Club Social y me hago amigo de algunas familias. Pero es en el negocio de Puig donde conozco al general Ricardo López Jordán, futuro yerno de mi patrón, hombre que con el tiempo ha jugado un rol muy importante en mi vida. Con López Jordán entablamos una relación estrecha casi de inmediato, a él le encanta mi personalidad y mis ideas. Por eso al poco tiempo me invitó a compartir mesa en el Club Social y me presentó a sus amigos. Ya estoy en contacto con el gran mundo de la política nacional -López Jordán era uno de los hombres de mayor confianza de Urquiza- desde el mismo epicentro del Gobierno de la Confederación Argentina. En ese ambiente me entero de que las relaciones entre Buenos Aires y la Confederación están tan tirantes que desembocarán, con toda seguridad, en un enfrentamiento bélico. Por aquellos tiempos existían en Paraná dos clubes sociales, ambos denominados socialistas, yo apoyé su fusión en uno sólo que se llamaría el "Socialista Argentino". Fui Secretario de ese Club y, cosas de la vida, mis conmilitones quisieron hacerlo a Mitre socio honorario en 1860, a lo cual, no obstante la tirria que yo le tenía, no me negué.

Las fuerzas militares de ambos bandos se habían estado preparando minuciosamente. Mitre estaba al frente del ejercito porteño, modernamente pertrechado, por cierto. Urquiza aprovechó el 25 de mayo de 1858 para realizar, con motivo de la parada militar conmemorativa, una demostración de poderío, que no amilanó a los porteños. Hizo desfilar dieciséis mil soldados, armados de maravillas. Lo dicho, la demostración no hizo el efecto esperado, el enfrentamiento solamente dependía de una chispa que prendiera la mecha e hiciera estallar el conflicto militar.

Esa chispa fue el asesinato del ex gobernador de San Juan, el general Nazario Benavídez, que había dejado el gobierno local en manos de gente adicta a los unitarios de Buenos Aires, pero que había sido designado, por Urquiza, Jefe de la región militar correspondiente a Cuyo. Lo cierto es que ni su rango militar ni su prestigio impidieron que Benavídez fuera hecho prisionero por el nuevo gobernador de San Juan, Manuel José Gómez y que, luego, una banda de milicos no identificados ingresara a la cárcel, descargara sus carabinas contra el portón que cerraba el lugar donde estaba Benavídez e ingresara sin más, degollando al general, "para evitar que sus amigos lo salven", explicaron. El bestial episodio terminó con el linchamiento del cadáver, atravesado a lanza por esos forajidos descontrolados. Urquiza conoció el hecho en todos sus detalles. Y la guerra con Buenos Aires resultó inevitable.

Las fuerzas comandadas por Urquiza se concentran en la localidad de Diamante. "La reforma debe ser pacífica; no más violencia, no más chuzas, bajemos las lanzas" repica mi conciencia. Converso largamente con López Jordán, quien al final me convence de que "la necesidad tiene cara de hereje". Mi querido hermano Rafael también me impulsa a que vaya al combate. Rafaelito se había reunido conmigo en Paraná, desde hacía poco tiempo, pero vivía en la casa de una familia amiga, por recomendación mía. Ya mi decisión es irrevocable: me anoto como voluntario en la Comandancia de Armas, y ese mismo día me incorporo al Batallón Palma, en calidad de capitán ayudante, viajando de inmediato a Diamante. Más tarde, el 3 de julio de 1861, recibí el grado de Capitán de Infantería. El despacho reconoció mi acción en la "gloriosa batalla de Cepeda". El ejército acampa en Cañada Rica, en campos del estanciero chileno Simón Sánchez. Entro a caminar, no bien llegado, en busca de caras conocidas. En eso estaba, cuando escucho que me llaman: un jovencito de no más de dieciocho años, de aspecto triste, pero con mirada de lince, abre sus brazos en señal de cordial abrazo. Advierto que se trata de un alférez. Solamente cuando escucho su metal de voz lo reconozco: es mi amigo Leandro N. Alem, fervoroso federal que se ha unido al campamento de Urquiza, para luchar contra el autoritarismo unitario. Me cuenta como él y otros jóvenes adictos a Urquiza han podido burlar el control del gobierno porteño, para luchar por nuestra causa. Son Victorica, Irigoyen, Guido, Plaza Moreno, todos nombres que me resultan gratos. Tenemos una historia común con el amigo Leandro, ambos provenimos de una familia cuyos padres han sido rosistas. Mi padre fue solamente un simple administrador de estancias del Restaurador; el suyo, mucho más comprometido con La Mazorca, había sido fusilado y luego ahorcado por los unitarios, después de Caseros. Alem es poeta y pronto será abogado, yo soy solamente un gaucho, pero en mí late una vocación inexpresada aun, bosquejo de un futuro que presiento. Abogacía nunca estudié, pero llegaremos a Cepeda todo joven a domicilio nunca estudié teneduría de libros pero pude llevar la contaduría al señor Puig, seré capaz de desempeñarme como fiscal público, tocando de oído, por supuesto.

Las fuerzas militares acampadas en Diamante comenzaron a movilizarse al límite con Buenos Aires. Nuestro destino era enfrentarnos con las fuerzas de Mitre en los campos de Cepeda, pero no lo hicimos con Alem en el mismo batallón. Eran de la partida mis queridísimos amigos González del Solar, Andrés y Melitón... a ellos los saludo rápidamente, porque la corneta está armando el zafarrancho de movilización. ¿Qué día es hoy, me pregunto? Era el 22 de octubre de 1859. Cua
cia, montando con firmeza su caballo, al general Urquiza, su rostro denotaba severidad. Mi batallón estaba situado a la vanguardia, pero en un extremo del frente del inminente combate, a tiro de fusil del enemigo. "¡A la carga!", se escucha. Es el general Conesa, a quien reporto, quien ha dado la orden. Súbitamente me encuentro en contacto con el enemigo, el fusil en posición de tiro, apunto, disparo -nada medito "la reforma pacífica"- a mi lado veo caer a mis compañeros, ya estamos en el entrevero con el arma blanca. Soy enorme y fuerte, prevalezco. Advierto que ha caído el jefe del Batallón Caseros, Dámaso Centeno, haciendo gala de heroísmo. Se me hiela la sangre. "La paz se ha convertido en guerra y ha pagado un severo precio". Ya no se escucha el tiroteo ¿Habremos ganado? Al enemigo lo veo en retirada. Pero no me doy descanso. Quiero la paz no la guerra, por eso no tolero escuchar los ayes de los heridos, y para calmar mi reproche interior pido permiso y me incorporo a una sección de sanidad: levanto heridos con mi fuerza hercúlea, los llevo al hospital que se ha improvisado. Es la única batalla que puedo ofrendar en homenaje a la "reforma pacífica".

Cuando al anochecer busco el descanso me encuentro con Alem. Comenzamos a analizar los resultados obtenidos por los partidarios de Urquiza, luego de la batalla. Filosofamos, hacemos un rápido inventario. Se nos unen Andrés y Melitón González del Solar, todos lloramos la muerte del hermano mayor de Delfor del Campo.
-La oligarquía porteña no se vence con una batalla afortunada -digo en voz alta, y Alem me mira fijamente:
— ¿Qué es una oligarquía?" -me pregunta.
— Es un grupo reducido de personas, dominante en una sociedad, que prevalece por su situación y por ello gobierna."

— En su exclusivo provecho -acota Alem.
— Eso mismo.

Urquiza ha triunfado rotundamente en Cepeda. Sus fuerzas llegan a San José de Flores, a las puertas mismas de Buenos Aires, y allí el entrerriano establece su cuartel general. Envía un ultimátum: Buenos Aires debe aceptar incorporarse a la Confederación Argentina. Pero el gobernador Valentín Alsina se resiste, a pesar de la derrota. Urquiza pone sitio a la Ciudad. Alsina carece de capacidad de maniobra. Frente a lo inexorable de los hechos, renuncia. El 10 de noviembre de 1859, día que cumplo veinticinco años, se firma el Pacto de San José de Flores. Ese día el país festeja el comienzo de la unidad nacional y yo pido permiso para trasladarme al centro de mi querida Buenos Aires, para festejar, con los amigos que encuentre, un cumpleaños tan significativo para mi historia de vida.

Buenos Aires despierta, expectante. La gente comenta los hechos con muchas esperanzas. La convocatoria es la plaza de la Victoria, de nuevo escenario de un acontecimiento histórico. En la Casa de Gobierno se homologará el Pacto firmado en Flores. No podía estar ausente. Por eso, luego de dejar atado mi caballo en el cuartel de Policía, fui haciéndome espacio entre el gentío y logré entrar a un salón donde se acababa de firmar el acta correspondiente. A la distancia divisé a mis amigos unitarios Juan Chassing, Estanislao del Campo y también Hilario Ascasubi. Todos ellos mostraban semblante sombrío. Me ahoga el encierro. Cuando me dispongo a salir una mano delgada pero firme me toma del brazo: es mi amigo Leandro Alem. Ya en la calle caminamos sin mayores comentarios, cabizbajos. Cuando pasamos frente a la casa donde vive Bernardo de Irigoyen, persona muy respetada por Leandro, éste me invita a entrar para visitarlo. Allí lo encontramos a ese radicalizado dirigente, luchador implacable que nunca declina posiciones. Él no cree en la consistencia del Pacto de San José. Está convencido de que la oligarquía porteña no ha perdido fortaleza. Alem escucha por segunda vez hablar de oligarquía. Se ha instalado en él una gran idea esencial para su lucha política.

Cepeda ha concluido, pero no concluyó la dominación porteña. Con ese convencimiento embarco con destino a Paraná, viajo por el caudaloso río homónimo. En el puerto me espera Rafaelito, quien festeja ruidosamente mi regreso. Vuelvo a la rutina del trabajo contable, que tanto me hastía, en el negocio de esa buena persona que es el Señor Puig. Por suerte para mi, las cosas cambiarían rápidamente. Ha regresado a Paraná, en carácter de senador por Corrientes, esa alma tutelar que ha sido Nicolás

Calvo en mi vida. Le cuento cuál es mi estado de ánimo. Un senador tiene banca en el Gobierno: logra que me designen oficial segundo en la Contaduría de la Confederación. Mejoro de situación económica, entonces puedo ya abandonar la humilde fonda lugareña y mudarme a un alojamiento de mayor categoría, ubicado en la calle Industrias. En esa casa vive un gran amigo, fino confidente, fuerte apoyo moral, no otro que Manuel Martínez Fonte.

Comienzo un tiempo de mucha alegría. Frecuento con asiduidad el Club Social, confiterías, bares y pulperías. Cada vez tengo más cantidad de amigos. Me hago famoso por mi forma de hablar, gesticulo, levanto la voz, no oculto mis pensamientos, me llaman "Matraca" por la estridencia de mi discurso, con cuya fuerza dominaba las asambleas tumultuosas; pero para mis amigos íntimos soy Pepe. Empiezo a concurrir a las sesiones de las Cámaras del Congreso, escucho con atención todas las exposiciones, miro con mucha curiosidad el quehacer de los taquígrafos. Me maravillan los taquígrafos. Decido que quiero ser taquígrafo y le pido a Calvo que me ayude, que me diga donde estudiar esa técnica para escribir tan rápido. Como soy tenaz, el método que me acerca Nicolás lo aprendo en poco tiempo. Cuando me siento en condiciones de hacerlo le pido a Martínez Fonte que me lea partes de El Quijote y tomo el texto a la perfección — ¿Cómo lo has logrado? -me pregunta. — ¿Para que tengo memoria? -le contesto. — Te propongo una prueba: léeme cien palabras al azar, de cualquier texto, yo te las repetiré en orden, de adelante para atrás y a la inversa. No me equivoco ni una sola vez. Luego construyo innumerables frases con esas palabras.

— Tienes que aprovechar tanto talento me observa mi amigo. — Pues claro, pediré que me nombren taquígrafo en el Senado de la Confederación, ¿para qué soy amigo de Nicolás Calvo? La semana siguiente ya estaba instalado con mi puntudo lápiz, frente a mi mesa de trabajo, sin dejar escapar una palabra de los discursos legislativos. ¡Cuánto aprendo de política y derecho parlamentario! Dejo el trabajo y, con mucha frecuencia, busco los libros citados por los senadores para entender mejor sus discursos. El Congreso se convierte en una escuela insuperable para mis ambiciones de hombre público, que han comenzado a germinar como una suerte de ensoñación. Aprendo muchísimo de los discursos de Zavalía, de del Campillo, de Severo González, de Calvo, de Angel Elía, del general Guido, de Zuviría. Me convertí en un estudiante de derecho constitucional.

En tanto, sigo con atención los ajetreos de la política nacional a través de la prensa. *El Nacional* de Sarmiento, *Los Debates* de Mitre y *La Tribuna* de

Vélez son alimento para mi curiosidad. Así me entero de que Mitre, nuevo gobernador de Buenos Aires, ha restablecido un Ministerio de Relaciones Exteriores en la provincia. No lo puede hacer pues se trata de una competencia exclusivamente nacional. Suena a provocación para el urquicismo. Me entero de que el gobernador ha enviado a Europa al poeta Hilario Ascasubi, a fin de contratar soldados mercenarios para ser enganchados al ejército argentino, para que ellos defiendan nuestros fortines de frontera contra los malones indios. Empiezo a imaginar un capítulo especialmente dedicado a la leva de gauchos para ser llevados a la frontera, de un libro que algún día, espero, tendré tiempo para poderlo escribir. Se dice, en cambio, que esos contratados no serán llevados a la frontera india, sino a reforzar el ejército porteño para luchar contra Urquiza ¿Estará quebrado el Pacto de San José de Flores? Me pregunto...

Realizo una fugaz incursión periodística en *El Nacional Argentino*, a instancias de Benjamín Victorica, yerno de Urquiza. Se trataba del diario donde escribieron Bilbao, Juan María Gutiérrez, Mansilla y Francisco Seguí. La experiencia duró nada más que veinte días, durante octubre de 1860, luego que Seguí dejara el diario para fundar *El Correo Argentino*. Escribí siete notas en ese tiempo. Recuerdo que en una defendí la política del Ministro de Relaciones Exteriores de Derqui, Emilio Alvear, en relación con los emigrados chilenos de Mendoza. Mi estilo es pulcro, me cuido mucho de ello, "nosotros venimos a la prensa a discutir no a boxear", digo. Añado: "el insulto es el arma de los débiles... Mi lucha es la de la paz, el progreso, la civilización, contra las tentativas de desquicio, contra las pretensiones retrógradas, contra la ignorancia y las precauciones". Hablamos para la nueva juventud argentina que aspira a ver realizada la integridad nacional." Lo digo el 5 de octubre de ese año 1860.

Pero el "Convenio de Unión" firmado el 6 de junio de 1860 da una respuesta a mi escepticismo. Queda ratificado el Pacto del 11 de noviembre y se convoca a una Convención Constituyente *ad hoc*, que considere las reformas que haga la provincia de Buenos a la Constitución Nacional. Cumplido ese hecho trascendental, parece que terminarán las discordias y los enfrentamientos. Pero fueron solamente ilusiones. No puedo olvidar que fui testigo calificado de esa histórica Convención Constituyente, dado que fui su taquígrafo oficial; entre los episodios notables que guardo de ese evento, fue que allí conocí a Sarmiento, tribuno notable -quien lo duda- pero loquísimo el hombre, había consenso en ello: durante una sesión, lo recuerdo muy bien, vi como se sacaba los zapatos, se quedaba en medias en pleno recinto, sin importarle en absoluto que lo vieran ni los comentarios sarcásticos que pudiera provocar su actitud.

Entre tanto, mis nuevas funciones en el Congreso me permiten hacer nuevos amigos: allí conozco a Pedro Ferré, a Vicente Quesada, a Gorostiaga, a Zavalía, a Ruiz Moreno y a otros de menor prestigio, pero todos ellos gentes de rica personalidad que van modelando la mía. Ya he dejado de ser gaucho, hombre del campo, ahora soy un señorito, visto correctamente, llevo larga levita ajustada al cuerpo, reluce mi alta galera de pelo, uso barba entera, bien peinada, manejo con elegancia mi bastón de ébano con empuñadura de oro, así luce mi personalidad en los paseos, en la plaza a la hora de la retreta. Como soy escorpiano me gustan las buenas mozas, ellas me halagan porque admiran mi porte de hombre fornido. No dejo de frecuentar el mercado, que visito por las mañanas para hablar con los carniceros, gente criolla, que me encanta porque son hombres de campo.

Una noticia conmueve a la capital de la Confederación, han asesinado bárbaramente al gobernador de San Juan, don José Virasoro, amigo íntimo de Urquiza. El unitario Antonio Aberastain está detrás del asesinato: una partida revolucionaria asalta la casa del gobernador, lo matan a él y a su hermano Pedro, que era diputado. Entonces Aberastain aprovecha el vacío de poder y ocupa la gobernación. El Presidente Derqui dispone la intervención federal y nombra para esa función al coronel Juan Saa. Urquiza ruge de indignación frente a la traición de los porteños. Ya tenemos nuevamente instalada en el país la guerra civil. Aberastain se niega a entregar el poder al interventor Saa, chocan las fuerzas federales con las que comanda Aberastain, ganan los federales y fusilan a Aberastain. En Buenos Aires Sarmiento había anunciado, con una anticipación de seis días, la muerte de Virasoro. El gobierno de la Confederación rechaza los diplomas de los representantes de Buenos Aires al Congreso por haber violado el sistema electoral nacional. Mitre pasa revista a sus cuarteles. Derqui delega el mando en el General Pedernera y se pone al frente de la organización de las fuerzas federales. El enfrentamiento militar resulta inevitable y yo, José Hernández, hombre que viene predicando la paz desde hace tiempo, vuelvo a vestir mi traje militar, listo a prestarme a un nuevo enfrentamiento.

Yo no tenía buena relación con Urquiza. Era un hombre crítico de la conducta poco transparente del caudillo. Pavón resultó un gran enigma de la historia nacional, debido a una serie de comportamientos equívocos del general entrerriano. Urquiza tenía una gran prevención conmigo, porque yo no me callaba la boca ¿Cuál es el secreto que rodea a las relaciones entre Mitre y Urquiza? ¿Será cierto que, antes de Pavón, Mitre viajará a Rosario para, vía una logia masónica, entrevistarse con Urquiza? Se dice que Urquiza es un masón que pertenece a la logia de la calle Laprida, de Rosario; que antes de Pavón se reunió con su "hermano Mitre", que después, en Las Piedras, se abrazan fraternalmente y que convienen el resultado por adelantado de la batalla ¿Será todo esto cierto o mera fabulación? Nada me consta, pero muchos son los que murmuran.

Más allá de todos estos dilemas, mi obligación es alistarme para defender al movimiento federal, así lo siento y así lo hago. Me embarco en el "Diamante", cruzo el Paraná y desembarco en la costa santafesina, frente a la isla del Espinillo, a la vista de Rosario. El 27 de agosto de 1861 galopo a la orilla del Arroyo del Medio, entre las fuerzas federales que allí descansan. Y del mismo modo como ocurriera en Cepeda, cuando llego a un fogón ocupado por la criollada federal, allí me vuelvo a encontrar con el entrañable amigo que fue Leandro N. Alem. Después aparecen los hermanos González del Solar. Con Alem, en largas caminatas, nos prodigamos reflexiones políticas, una profunda evaluación sobre el futuro de la patria. Ambos somos escépticos, pero no vamos a desertar. La guerra espera y ambos la afrontamos con decisión.

Pero ambos estamos desorientados por las versiones que corren por el campamento urquicista. El 12 de setiembre, se dice, ha llegado, en demanda de Urquiza, un extraño personaje, el muy norteamericano Mister Yateman. Hombre joven, elegante, vestido a la inglesa, ingresa a la tienda que ha montado el general portando un salvoconducto firmado por Mitre, se dice ¿Quién es éste misterioso embajador? ¿Qué misión viene a cumplir? Hasta se ha llegado a sostener que Yateman es un sobrino político de Mitre, sospechado de masón, porque está casado con una sobrina del caudillo porteño, de apellido Gorostiaga. Quienes han sido testigos del ingreso y del egreso del extranjero afirman que la reunión no ha durado mucho tiempo, pero que al salir el gringo ostentaba aire de hombre muy satisfecho. Cuando me entero, le digo a Alem: "ese gringo se lleva el parte de la victoria". Leandro asiente.

El 16 de septiembre el ejército de Mitre atraviesa el Arroyo del Medio, sin obstáculo de ninguna naturaleza, acampando media legua al norte buscando continuar al día siguiente hasta Cañada Rica. Iba acompañado, Mitre, por la indiada del cacique Baigorria. El enfrentamiento se produjo al día siguiente. Ese choque frontal generó el desbande generalizado de las fuerzas de Buenos Aires, tanto por la izquierda, por el centro, como por la derecha. Virasoro le comunica de inmediato a Urquiza que el enemigo se encuentra en completa dispersión. Pero la historia cuenta que, por razones desconocidas, Urquiza dispone retirarse del campo de batalla sin explicación alguna, con gran indiferencia. Se fue arrastrando consigo toda la caballería entrerriana. Con Alem mascábamos el sinsabor de la indignación. La sombra del encuentro entre Urquiza y el caballero Yateman cubría el campamento de guerra. El retiro del General produjo el desaliento de las tropas remanentes, quienes, al mando de Virasoro, no pudieron evitar el desastre. Recuerdo que integrando yo el regimiento 9 de línea, en calidad de Capitán Ayudante, hago lo indecible, junto a Alem, por salvar el honor de las fuerzas federales. Pero todo fue inútil. No alcanza con el patriotismo de Virasoro. No me alcanza que me hayan ascendido en el campo de batalla a Sargento Mayor. Solamente quedábamos unos seiscientos hombres de ese poderoso ejército de quince mil que Urquiza había organizado para luego disponer su desbande. Un gran misterio de la Historia, que nunca podremos develar.

Quiero testimoniar que he combatido a la masonería unitaria siendo masón federal. Obedeciendo a la costumbre de la época, con otros amigos federales nos hicimos masones adscribiéndolos a la Logia Asilo del Litoral. Lo hice el 28 de agosto de 1861, junto a Leónidas Echagüe, a Teófilo García y a Francisco Carbó, eso fue en Paraná; más tarde, en Corrientes, concurrí a los encuentros de la Logia Constante Unión, donde varias veces me hicieron hablar. Ya en Buenos Aires, el 30 de diciembre de 1879, me incorporé en la Logia Obediencia a la Ley, del rito escocés, donde llegué al grado 32. Debo decir que mi incorporación a la masonería no me hizo renegar de mi catolicismo, pienso que la religión es necesaria para ordenar las costumbres de los pueblos, pero no soy militante del catolicismo. En cambio, al final de mis años me ha dado por profesar el espiritismo, si bien no con tanta dedicación como mi hermano Rafael, pero sí como prueba de mi vocación por develar el misterio que siempre consideré encerraba nuestra vida.

El final de esa fiesta impensada para las fuerzas del General Mitre, que tal fue su triunfo en Pavón, terminó en una danza macabra de muerte y asesinato. Al día siguiente de los acontecimientos que hemos relatado, cuando aún no había amanecido, Venancio Flores, uno de los generales orientales que luchaban al servicio de Mitre, sorprendió dormida a nuestra fuerza -esos seiscientos hombres remanentes- en la cual nos encontrábamos Alem y yo y se dio a la tarea de exterminio.

Apenas si tuvimos tiempo de salvar nuestras vidas montando a pelo nuestros caballos, escapando, por milagro, a sablazo limpio. El resultado fue dantesco: cuatrocientos hombres muertos, casi todos pasados a degüello, y ciento cincuenta prisioneros. Fue un milagro que pudiéramos, con Leandro Alem, contar el cuento. Acabo de relatar la bestial degoyina de Cañada de Gómez. Hechos documentados por el parte del Ministro de Guerra Gelly, en su informe al Gobernador Delegado de Buenos Aires.

Lo que restó de Pavón, para nosotros, fue un retiro, sin pena ni gloria, con destino a Santa Fe, para luego cruzar el río y arribar a Paraná. Allí nos reencontramos con Alem, de quien me había separado en el último tramo de nuestra retirada. Nos abrazamos fraternalmente, pero no hacemos comentarios. Nos embargaba un silencio sobrecogedor.

Mi vida a partir de allí me permitió descubrirme en mi fibra íntima. Lejos de bajarme los brazos, la derrota me envalentonó. Grito a voz en cuello que Urquiza ha traicionado la causa de la federación. En Paraná se vive un clima de desaliento y se presiente que el Gobierno de la Confederación tiene poca vida: los legisladores que representan a las provincias regresan a sus lugares de origen. Con Nicolás Calvo y con Manuel Martinez Fontes formamos el único grupo que levanta la voz para tratar de salvar lo que para muchos ya no tiene rescate. Aunque parezca mentira mi actividad resulta febril en pos de nuestros ideales ¿Quién me escucha? Nada menos que el vicepresidente de la Confederación, en ejercicio de la Presidencia por ausencia de Derqui, él me nombra su secretario privado. Ahora estoy en el centro mismo del poder, formal claro está, pero poder al fin. Opero como una usina de informaciones en el entorno del Presidente, trabajo a destajo. Pero sobre todo no me callo.

El Argentino es la hoja periodística donde instalo mi artillería de ideas, en sus columnas ataco violentamente a Mitre y también a Sarmiento. Derqui ya no representa a nadie y se ve obligado a dejar la Presidencia. El ya anciano Pedernera, y el grupo de fieles amigos que lo rodeamos, mantenemos todos la ilusión de salvar al federalismo de las garras de la oligarquía porteña ¿Qué hace Urquiza, mientras tanto? Dicen que el caudillo está en arreglos con extraños emisarios, nadie conoce con precisión los detalles de esas negociaciones, pero todos tienen la certeza de que existen. Hay un cierto ritual logista en esos procedimientos. Un día llega al Palacio San José un emisario de Mitre, don Juan Cruz Ocampo, quien trae en sus alforjas la última exigencia del mitrismo: que Paraná deje de ser la Capital de la Confederación y su reintegro territorial a la provincia de Entre Ríos. Urquiza acepta, simplemente porque ése fue el acuerdo secreto firmado en Rosario, antes de Pavón, se dice. Es la virtual descomposición institucional de la Confederación Argentina. El broche de cáñamo lo pone el Presidente Pederenera, por decreto del 12 de diciembre de 1861, declarando "en receso el Poder Ejecutivo Nacional, hasta que la Nación, reunida en Congreso, dicte las medidas consiguientes a salvar las dificultades que obligan al Gobierno a tomar esta disposición...". Yo intervengo en la redacción de éste tristísimo documento de nuestra historia. ¡Cuánto sufrí tener que hacerlo!

El gobierno nacional de los argentinos está acéfalo. A mí, José Hernández, no me queda más remedio que refugiarme en las páginas de *El Argentino* para, desde allí, continuar mi prédica y mi lucha. Hago investigación y encuentro que en el Libro XI A. C. D. de la logia de Rosario, página 178, consta que Mitre, en el seno de la referida Logia, se ha reunido para agradecer la valiosa colaboración de los hermanos "a los altos propósitos de confraternidad y amor" que ellos han dado. Trato de difundir estos episodios en *El Argentino*. Escribo de día, de noche, desvelado por la suerte del país, salgo a caminar por las calles desiertas y oscuras de Paraná. Mi alta silueta y gran corpachón se confunden con las sombras en las que está envuelta la ciudad.

Por los entreveros litoralenses

La Confederación ha muerto, vuelve la sombra de la anarquía a oscurecer el horizonte de la patria. El federalismo balbucea sus quejas y sus dolores por boca de unos pocos Quijotes criollos. Urquiza observa. Somos los recalcitrantes esperanzados en que la historia cambie de una vez, a favor de los intereses del interior, quienes nos mantenemos firmes, sin bajar los brazos. Apenas un puñadito de jóvenes somos los que instalamos el discurso vibrante, enaltecido, que no da tregua: esos discípulos de Nicolás Calvo, yo y mi hermano Rafael, Martínez Fontes, González del Solar, en Paraná, y desde Concepción del Uruguay se escucha el ardor combatiente de ese tremendo poeta que ha sido Olegario Víctor Andrade. En cambio el riquerío paranaense se ha entregado, especulador, a los dictados centralistas, están más seguros siendo dependientes del unicato porteño, de una Buenos Aires que concentra todo el poder político y económico del país.

Las páginas de *El Argentino* no alcanzan para que Urquiza despierte de ese largo letargo, contemplativo. Se lo digo y lo denuncio en cantidad de notas que firmo en *El Argentino*. Pero los intereses logistas parecen prevalecer: se dice. El operador porteño en Entre Ríos es el doctor Martín Ruiz Moreno: se dice. Pero Urquiza no se inmuta ni se mueve de su Palacio de San José. Él sabe perfectamente -está bien enterado- que yo soy el militante de la resistencia. También sabe que en esa resistencia tiene activa participación un hombre de su entera confianza: el general Ricardo López Jordán, hombre que lidera a otros militares importantes de la corriente federal, como lo es el coronel Espíndola, entre otros.

Mientras tanto, Mitre no se da tregua en su estrategia de dominar en todas las provincias, para poder llegar al poder, después de Pavón. Para eso invade militarmente a Santa Fe, con tropas del oriental Venancio Flores; después Corrientes que es ocupada por el batallón 7 de línea, y también Córdoba, que cae dominada por las fuerzas que comanda el oriental Wenceslao Paunero. Muchos orientales operan en el país, se trata del cumplimiento del pacto de unión que han firmado los logistas del Rosario, se dice. Una escalada de ésta índole lleva a la gobernación de San Juan a don Domingo Faustino Sarmiento: el profeta de la pampa. Yo lo estudio a Sarmiento, lo sigo, lo refuto, lo combato, quien sabe si no lo hago para poder convertirme, algún día, en "otro profeta" del gauchaje que ocupó la pampa.

Pero mi utopía federal no se detiene en la acción periodística. Con Andrés González del Solar, otro idealista, creemos que somos capaces de organizar una fuerza militar, desde Rosario, para confrontar con el poder porteño. Si no actúa Urquiza, lo haremos nosotros. Eso proyectamos, eso intentamos llevar a la práctica. Viajamos a Rosario con la finalidad de entrevistar a algunos amigos federales que allí residen, Eudoro Carrasco, entre otros. Pero, en cuanto intentamos medir fuerzas, la realidad nos llama. Nada podríamos hacer, nos damos cuenta, no queda más remedio que regresar a Paraná. La antigua ciudad, ausentes ya los dirigentes de la Confederación, ha vuelto a su vida recoleta, apacible, cansina, contemplativa, digamos. No queda más espacio que para estrechar amistades, no con nuevos amigos, sino con los antiguos, particularmente con los González del Solar. Don Melitón es un médico destacado, pero también es poeta, entusiasmado por la política y por las letras. Largas son las tertulias que mantenemos en su casa. Con Andrés nos vemos cotidianamente en la redacción de *El Argentino*. Él es quien me introduce al ámbito de confianza de Olegario V. Andrade, quien nos sorprende con su estilo potente, con su pujanza, con su poesía recia y sonora. Andrés González del Solar y Olegario Andrade también escriben en el periódico *El Paraná*.

Mi vida comienza a convertirse en un suave remanso. Golpea el amor la puerta de mis esperanzas. La casona familiar de los González del Solar es el lugar donde realizo mis ensueños románticos. Allí viven Carolina y Teresa, hermanas de mis amigos, hermosas ambas, yo lentamente me voy inclinando por Carolina, de a poco me voy enamorando de ella. Martínez Fontes es el parejero que me acompaña en los requiebros, él se acerca sentimentalmente a Teresa. ¡Cuánta poesía recordarían, si hablaran, las viejas rejas de la casa ubicada en la calle de Industrias, de Paraná! Allí se fue tejiendo y construyendo mi unión con Carolina. Ya estoy decidido al casamiento. Se lo comunico a mi novia. El "sí" llega presuroso. Debo viajar a Buenos Aires para contarle la novedad a Mama Totó: no tengo madre, pero tengo ese cariño de madre que nunca olvido. Desde Rosario primero, haciendo escala, luego desde Barracas, escribo dos cartas a Carolina, pongo mi corazón y todo mi estilo en forma diferente de comunicar y proyectar el yo, como son las cartas de los enamorados. Vuelvo de Buenos Aires con el consentimiento, fácilmente obtenido de mis padres adoptivos. En Paraná la familia González me recibe con todo afecto.

Tengo veintiocho años, transcurre el año de 1862 y en octubre Bartolomé Mitre asume la Presidencia de la República. Ése es el año de mi noviazgo, pero el romance no logra apaciguar mi prédica antiunitaria, que se vuelve furiosa, quizás alimentada por el entusiasmo que me insufla mi enamoramiento; llega el año 1863, y el 18 de junio, de ese año estupendo de mi vida me caso con Carolina González del Solar: nueve hijos me ha dado "mi china", ocho mujeres y un solo varón, dos murieron muy pequeños. Así queda presentada mi familia en esta historia.

Es hora de dejar la vida de fondas, pensiones o pequeños hoteles, que ha sido la historia residencial de mi vida, en ese litoral que he elegido por residencia transitoria: nunca he pensado no regresar a Buenos Aires. Si me he casado debo instalar casa, lo hago en un amplio solar, de gran patio sombreado por una preciosa magnolia, casa que tiene cuatro balcones que dan a la calle. Casa apacible la mía, pero la paz se rompe al poco tiempo, la rompe el fuerte impacto que produce la noticia del atroz asesinato del Chacho Peñaloza, en su provincia natal, La Rioja, más precisamente en Olta, donde el comandante Ricardo Vera lo sorprendió en un rancho, mientras dormía. Se levanta el Chacho: "estoy rendido" dicen que dijo y entregó su puñal. Pero llega al instante el mayor Irazábal, hombre descontrolado, entra al recinto donde está detenido Peñaloza y sin más lo atraviesa de un lanzazo. Otra versión dice que Peñaloza fue cosido a puñaladas en su propio lecho. Luego los bárbaros desguazan el cadáver, le cortan la cabeza, clavan la cabeza en una pica y a la pica en la plaza de Olta, por ocho días estuvo expuesta como prueba de barbarie.

Civilización y barbarie había escrito Sarmiento en su Facundo, por el año 1845. Sarmiento había estado detrás del operativo militar que terminó con la vida de Peñaloza. Ese operativo no solamente terminó con el caudillo, también mataron a don Cicerón Quiroga, al capitán Policarpo Lucero, al ayudante mayor Cornelio Rojas, a los tenientes Amoroso Molina, Ignacio Bilbao, Juan Vallejos, al alférez Ramón Gutierrez y al también alférez Juan de Dios Videla. Todos ellos fueron pasados por las armas por orden de la superioridad, "para hacer ejemplar castigo con los osados que se arman contra la tranquilidad pública", rezaba el bando justificador de la masacre. El ejército civilizador y pacificador nacional estaba dirigido, desde San Juan por Domingo Faustino Sarmiento y su jefe supremo era Bartolomé Mitre.

Los cadáveres de Virasoro, de Benavídez y ahora el del Chacho, eran testimonios emblemáticos de una violencia unitaria que este sector político no quería reconocer. Me pareció que había un vaso rebalsado en esta historia tan injusta, por ello me puse a la tarea, primero a denunciar públicamente el bárbaro hecho y luego a escribir una breve noticia biográfica sobre Peñaloza. "Los salvajes unitarios están de fiesta -así comienza mi alegato-, celebran la muerte de uno de los caudillos más prestigiosos, más generosos y valientes que ha tenido la República. El Partido Federal tiene un nuevo mártir. El Unitario tiene un crimen más que escribir en la página de sus dolores. El general Peñaloza ha sido degollado. Ese hombre ennoblecido por su inagotable patriotismo, fuerte por la santidad de su causa, el Viriato argentino, ante cuyo prestigio se estrellaban las huestes conquistadoras, acaba de ser cosido a puñaladas en su propio lecho, degollado, y su cabeza conducida como prenda del buen desempeño del asesino, al bárbaro Sarmiento". Así me despaché, yo, José Hernández, para vindicar periodísticamente la memoria del mártir de Olta. "Maldito sea. Maldito, mil veces maldito sea el partido envenenado con crímenes que hace de la República Argentina el teatro de sus sangrientos horrores". No encuentro límites en mi arenga. Más aún, me animo a incitarlo a Urquiza a intervenir para dar un escarmiento a los responsables del asesinato. "No puede detener Urquiza -enfatizo- el brazo de los pueblos para castigar a los degolladores... No puede impedir que la venganza se cumpla... El general Urquiza vive aún y él tendrá que pagar su tributo de sangre a la ferocidad unitaria, tendrá también que caer bajo el puñal de los asesinos unitarios..." Es una premonición fantástica, la que siento necesidad de hacer pública. Solamente me equivoco en la autoría, pero intuyo el trágico fin de ese enorme caudillo que forjó la organización nacional para los argentinos.

"Yo no tengo amigos en las filas opuestas -le escribo a Urquiza, como queriéndole dar algún consejo- y el que se pasa de las mías deja de ser mi amigo." Está en mí marcarle la línea dura al gran caudillo, intuyo posiciones diferentes, acuerdos secretos insondables, desacuerdos en el futuro inevitables.

Después de esos alegatos que nacen de lo más profundo de mis sentimientos, me animo a escribir una breve historia de vida de Ángel Vicente Peñaloza. La voy entregando diariamente a la redacción de *El Argentino*. Antes que nada, trato de demostrar que el caudillo no fue muerto el 12 de noviembre de 1863, como se ha sostenido, sino varios días antes de esa fecha. Maniobra artera ésa, de pretender demorar hasta no poder ocultarla más, que se conozca en el país el hecho. Peñaloza pertenece a una de las más antiguas, así como notables familias de La Rioja. En su niñez lo va guiando un anciano sacerdote, dándole cristiana formación. Desde adolescente se alinea en las tropas de Facundo Quiroga, lucha en las Palmas Redondas, en El Tala y en El Rincón del Manantial contra Lamadrid. En la batalla de la Tablada, cuando el Tigre de los Llanos se enfrenta a Paz, Peñaloza demuestra toda su valentía cuando arremete contra la artillería del invencible manco, alto su lazo en tranquilo revoleo, logrando enlazar cañones, arrastrándolos fuera del combate! ¡Cuánta valentía y habilidad! Muerto Facundo, el Chacho se estremece y su corazón llora. Esa tremenda circunstancia lo convierte al Chacho en hombre que se alinea en el ejército del general Lavalle, el gran unitario, porque así lo determina el gobernador de la Rioja, Brizuela. Cuando en Sañogasta, despechado de amor, el zarco Brizuela se hace matar por su asistente, Peñaloza se pone al mando de las fuerzas riojanas que apoyan a Lavalle. Muerto Lavalle, el Chacho es el jefe de las fuerzas antirrosistas del norte. Lucha hasta agotarse y huir a Chile viviendo en la pobreza. Vuelve sin nada para seguir su brega contra el poder central de Buenos Aires. Su prestigio es tan grande que los riojanos en masa van tras él. Así es como se trenza un día, en Las Banderitas, con el general Arredondo. Comienzan los insultos nacidos de las plumas de Sarmiento, de Mitre, del escritor Gómez: "El Chacho es un bárbaro, un sanguinario, un criminal asesino y bandido". Sin embargo, luego de las Banderitas, Peñaloza llega a un acuerdo con los orientales

Arredondo y Rivas, conviene de buena fe que ambos bandos entreguen sus prisioneros de guerra. Iluso, el Chacho, solamente él cumple puntualmente, entrega a todos los unitarios que tiene en su poder, los porteños no lo pueden hacer: han asesinado a todos. Al cura Bedoya, allí presente, sólo le queda llevarse un pañuelo a los ojos, para cubrir su llanto y sollozos. La sangre de treinta y cinco riojanos del ejercito chachista había regado, en El Gigante, la tierra argentina. "¿Quienes son los bárbaros de la historia argentina?" me pregunto en las notas que luego se encuadernarán como libro, publicación que recorre el país con gran suceso.

Sarmiento, en tanto, como gobernador de San Juan, habiendo sido director de la guerra contra el Chacho, escribe estos conceptos tremendos "Yo aplaudo la muerte del Chacho, precisamente por la forma en que se llevó a cabo", y luego aclara "no se ha hecho otra cosa que cumplir con las instrucciones del Ministro de Guerra al gobernador de San Juan", el Chacho era un salteador, por eso había que matarlo. Jerónimo Costa, Virasoro, Benavídez, ahora el Chacho, era la galería de tétricas cabezas, plantadas en picas sangrantes, marcando el siniestro destino del pueblo argentino. El Chacho "ha sido cosido a puñaladas mientras dormía", no me cansaba de repetirlo en todos mis escritos...

Cuando regreso de la redacción del diario encuentro a Carolina, mi amorosa mujer, desvelada, esperándome. Percibo ese suave perfume de diamelas que tanto me agrada, ingreso en ese tibio e íntimo nido, llego a ésa mi cama grande y suntuosa, donde Carolina, apenas recogida su cabellera castaña, sonríe ante el ansiado encuentro. Así voy aliviando mi alma de tanto dolor por lo que le sucede a mi querida patria.

Nuestra brega periodística no pone coto al accionar unitario. Ni nosotros, con Rafael, con Martínez Fontes, con los González del Solar, en Paraná, ni Olegario V. Andrade, en Concepción del Uruguay, alcanzamos siquiera a molestar al mitrismo porteño. Yo, ya en ese tiempo, percibo que debo empeñarme por cambiar el tono y verdad de la historia oficial escrita desde Buenos Aires. Sarmiento ha escrito su famosísimo Facundo, pero él mismo ha reconocido que en ese libro "se encontraron muchos datos falsos, unos puestos por falta de información y otros a designio porque todo ello favorece nuestra lucha contra Rosas". El mismo Olegario V. Andrade reconoce que Quiroga no eran tan bruto e ignorante como lo pinta Sarmiento, conocía la Biblia perfectamente, recuerda Andrade, con sus explicaciones filosóficas y teológicas. Así lo comprueban quienes han escrito la vida de ese gran poeta que ha sido "Aniceto el Gallo".

Mi vida vegeta, en esa Paraná rústica, no están satisfechos los deseos de reconstrucción que vibran en mí. Comparto jornadas y atardeceres bucólicos al lado de mi familia, estrecho amistad con mi cuñado Andrés González del Solar, joven que se ha hecho poeta, que enseña Física y Biología y ha llegado a Rector del colegio paranaense. Lo escucho a Andrés, sus versos van despertando en mí la vocación dormida que tengo por la poesía. Transcurre 1864, año durante el cual cumpliré mis todavía jóvenes treinta años. Al lado de mi mujer y de los González del Solar, donde Melitón se destaca como prestigioso médico y cirujano, erudito en asuntos políticos, europeos y americanos, voy abrevando en los libros de la rica biblioteca de este último, que leo con avidez e insaciable interés y entusiasmo. Ese ambiente va cimentando mi alma; se va preñando de romanticismo mi acervo criollo y gaucho. Un cuadro de la Virgen de las Mercedes preside el santuario de mis aposentos. Carolina espera un hijo. Me encuentro colmado por la expectativa. Durante la aurora del 16 de mayo de 1864 nace Isabelita, mi primogénita.

A todo esto Rafael, mi hermano, ya se ha convertido en un mozo elegante, iniciado en las actividades periodísticas -ya lo hemos dicho- pero que siente vocación por el campo: busca hacer negocios, me habla de ello con mucha frecuencia, me va haciendo nacer la idea, el sueño ¿por qué no decirlo? de convertirnos, algún día, en estancieros. En esa búsqueda, Rafael se ausenta hacia la costa del Uruguay. Pero yo no me decido aún a seguirlo. En cambio, continúo en mi forja de escritor, de luchador periodístico. En eso llega a Paraná, una vez más, Olegario Andrade: me llena de ideas, con él polemizamos y analizamos la situación política del país. Nace de ésta forma un estudio, publicado en forma de folleto, que se denomina "Las dos políticas". Muchos dicen que lo ha escrito Andrade, pero he sido yo su verdadero autor... seguramente, la polémica perdurará

"Las dos políticas", escrita en esos tiempos, no fue publicada, por una sensación de timidez que me embargó. Cosas de la vida, que carecen de explicación. Recién después de irme de éste mundo -me lo ha prometido Rafael, mi ángel custodio familiar- conocería la luz ese estudio, que no quise firmar, por esas cosas... Espero que si los lectores de este relato biográfico la leen, puedan reconocer en "Las dos políticas" un género histórico literario merecedor de aplauso. Espero que gocen con la altura que logré darle al discurso, con la profundidad de ideas, en lo cual me esmeré, con la veracidad de los hechos relatados allí y con sus conclusiones. He leído y releído tantas veces "Las dos políticas", he comparado ese texto con el famosísimo Martín Fiero, y he podido constatar con enorme gozo -pero también lamentarme por eso- el nivel literario, la calidad de historiador y pensador político que supe lograr al escribirla. Si hubiera continuado en ese género, quien sabe si no hubiera alcanzado otros destinos... Pero no reniego de mi vida ni de los resultados obtenidos... ¡Cuánta injusticia habría en ello de mi parte!

He dicho en "Las dos políticas" que la cuestión argentina es "una cuestión de régimen, de forma de gobierno, de organización social... Que sufrimos un dualismo histórico que hizo desaparecer a la República, como a Rómulo, entre los torbellinos de una pavorosa tempestad, que hemos librado un combate en el fondo de cada valle, en la cumbre de cada cuchilla, en la barranca de cada río, y después del combate que siempre parecía el último, sólo nos retirábamos para tomar aliento como el atleta de los juegos olímpicos... Que los sucesos han pasado a nuestro lado como una bandada de sonámbulos. Que la causa del mal permanece siempre de pie al borde del camino de la organización, como la Esfinge de la mitología en la orilla del camino que conducía de Delfos a Tebas. Que la asignatura pendiente es lograr que las provincias conquisten el gobierno nacional, para lograr, a favor de las provincias, un comercio directo y libre con las naciones extranjeras. Que las provincias, en cambio, le han dado a Buenos Aires facultades que no había tenido bajo el sistema colonial: la de imponer gobernadores... Que nos hemos olvidado de la sensatez de Rivadavia cuando, por boca de su ministro Agüero, dijo francamente en el Congreso de 1826: démonos prisa a devolver a las provincias lo que es suyo, antes que vengan a pedírnoslo con las armas en la mano... Que ese partido -el unitario- hizo entonces con Rivadavia lo que hoy ha hecho con el general Mitre, lo que hará con todos sus favoritos, trocar su idolatría en odio o en desprecio, verlos caer con glacial indolencia, cuando han dejado de ser inertes instrumentos de su ambición o de su vanidad... Así son los partidos ¡Ingratos como los reyes!... Que por los años veintitantos Buenos Aires elevó al poder a un apóstol del pensamiento federal, Dorrego. La grandeza de su muerte oculta los errores de su vida, pues él había contribuido a desencadenar los huracanes que barrieron la superficie de la República... El martirio ha santificado su nombre. El banquillo de Navarro fue el pedestal de su grandiosa apoteosis. El puñal de Bruto escribió el himno más sublime de la gloria de César... Dorrego fue gobernador de Buenos Aires porque había contribuido al naufragio del bajel desmantelado de la nacionalidad argentina... La misma política de todos los tiempos aciagos de la República. Rivadavia, Dorrego, Rosas y Mitre han sido sus instrumentos. Política sin entrañas. ¡Política fría y egoísta como un cálculo, tenebrosa y encarnizada como una deuda, yo te maldigo! ¡Oh, sí, yo te maldigo con toda la fuerza de mi alma!"

Frente a esa política unitaria he tratado de retratar, en mi estudio, la política desinteresada y simpática instalada por los caudillos del interior. Trato de demostrar que esa política no es la lucha de la barbarie contra las instituciones adelantadas de Europa. Digo que "los caudillos representan la personificación ruda, informé muchas veces, de la idea de la igualdad federal, pero siempre la personificación de una causa que ennoblece a sus apóstoles armados, de un principio de justicia que no muere como los hombres, ni se corrompe con los partidos, y se transmite de mano en mano, de generación en generación, como arca de alianza del porvenir. Eso son los caudillos: hijos de los errores de una política sin entrañas, pero también entrañas de la historia de la patria. Para demostrarlo reviso la gesta de Estanislao López, la cruzada de Pancho Ramírez, la epopeya de Urquiza liberando al país de la tiranía de Rosas y organizándolo haciendo sancionar nuestra Constitución. Sólo Buenos Aires se amotinó contra la política de Urquiza, pero no todo Buenos Aires porque su campaña unió su voz al universal consenso. Ahí están las dos políticas frente a frente. Hagan los pueblos el parangón severo. Vean lo que ambos han producido. Formen su cuenta de ganancias y pérdidas y elijan. Invoquen a la historia para que sancione sus juicios. Ella les dirá de qué parte ha estado el interés local, la vanagloria ridícula, la ambición desmedida. Ella les dirá quienes han trabajado por la paz, por la fraternidad, por la regeneración y quienes han atizado todos los incendios, soplado todas las tempestades y derrumbado todas las creaciones del genio y del patriotismo".

Ése fue el contenido, en lo principal, de mi escrito sobre "Las dos políticas". Los dos históricos partidos habían transmutado su existencia, por aquellos tiempos. El mitrismo estaba rodeado por una nueva oligarquía formada por monopolistas, terratenientes y los descendientes de los antiguos registreros. A ellos se los llamaba "cocidos"; del otro lado de la baranda se habían ubicado los "crudos", con Adolfo Alsina a la cabeza, movimiento arrogante, al cual seguían casi todos los antiguos federales y sus hijos mozos. Varela, Ramos Mejía, Gómez y Castro están con Mitre y con Juan Chassaing, éste último, verbo fogoso que lidia con Alsina por prevalecer en la oratoria de ese tiempo. Leandro N. Alem, Aristóbulo del Valle, Carlos y Tomás Guido Spano, Pedro Goyena, Santiago de Estrada, Nivel Navarro Viola, forman las huestes alsinistas. Los cocidos se reúnen en el Club del Pueblo, los crudos en el Club Libertad. En esos reductos se arman esas "luchas del cerebro", esas "batallas de la inteligencia" por las cuales yo tanto había bregado. Se habían dejado de lado la lanza, el sable y el fusil.

En Paraná mi vida se había convertido en un bostezo. Bucólico, contemplativo y en silencio recorro bares y pulperías, me reencuentro con mi gente, con el gauchaje litoralense que pulula en la apagada ciudad. Le pongo pimienta a esos días viajando a Nogoyá, para desempeñarme como secretario y taquígrafo de la Convención reformadora de la Constitución entrerriana. Integro una comisión encargada de gestionar el tendido de una línea férrea hasta dicha ciudad, a Nogoyá me estoy refiriendo.

Pero no hay paz que dure cien años. Como una bomba nos llega la noticia de que, en Uruguay, el partido Colorado -socio político del mitrismo porteño- ha formado una coalición con los brasileños y el gobierno de Buenos Aires para derrotar al partido Blanco que ejerce el poder en Montevideo. Venancio Flores, el degollador de Cañada de Gómez (recuerdan ustedes que de allí nos escapamos con Alem, a pelo, en nuestros caballos), con su amigo Mitre, en deuda con él por su apoyo en Pavón, atacan Paysandú, ciudad heroica que escribe una página de gloria, ofreciendo tenaz resistencia. Leandro Gómez es el héroe de esa resistencia. La flota imperial brasileña bombardea durante un mes la plaza.

Los Hernández no podemos permanecer ajenos a semejante masacre. Yo desde *El Argentino* denuncio diariamente el bárbaro ataque, la complicidad mitrista, el genocido en ciernes. Rafaelito, mi hermano, intrépido, sangre caliente que nada lo arredra, ha partido a combatir por el honor de un pueblo de valientes que ofrece tenaz resistencia. Mi impaciencia no tolera más la ausencia y la suerte que pueda tener la vida de mi hermano. Un día de diciembre de 1864, dejo entristecida a Carolina, beso a mi pequeña hija, y parto hacia la costa del Uruguay, dispuesto a burlar el bloqueo de Paysandú, a unirme a sus defensores, a buscarlo a mi hermano. Viajo a caballo, la calidez del campo llena mi espíritu y me enternece. Bulle dentro de mí el generoso impulso de defender al débil. Cuando ya en Concepción del Uruguay paso frente al Palacio de Urquiza, apuro el tranco de mi oscuro, no quiero detenerme a compartir, ni por razón de la cercanía, tanta indiferencia para con la historia. De todos modos no puedo dejar de detenerme en Concepción, allí me alojo en una humilde fonda, escucho que toda la gente no hace otra cosa que hablar de Urquiza y de Mitre, del Uruguay y del Brasil, de ese holocausto al que está sometido Paysandú.

Indago febrilmente qué es lo que ocurre en la ciudad sitiada. Me encuentro a muchos que han logrado huir de ese infierno, escucho sus relatos aterradores. Otra gente viene del interior argentino dispuesta a jugarse la heroica, a internarse en el Uruguay para ayudar a Paysandú. Una gran alegría me da encontrarme allí con Carlos Guido Spano. El poeta también quiere participar de esa cruzada. En el Hotel donde se aloja Carlos planificamos nuestro aventurado viaje, mientras se nos hiela la sangre al escuchar el tenaz bombardeo que no ceja. Paysandú está siendo destruida. Guido Spano me explica lo que está ocurriendo: los compromisos de Mitre con el Brasil son muy fuertes, esto terminará, seguramente, en un enfrentamiento con el Paraguay, donde su Presidente, Solano López, se muestra y actúa, de acuerdo con su carácter, de un modo descontrolado. Carlos me cuenta que hace unos días se ha encontrado allí con Olegario Andrade, fervoroso partidario de Urquiza, y que la identidad de opiniones no ha podido ser mayor. En lo alto del mirador del Palacio San José advertimos que una luz brilla. No brilla, en cambio, la esperanza en nuestros atribulados espíritus. Sé que el caudillo ha desconfiado siempre de mi, no obstante que yo hasta ahora le había sido fiel; enteramente fiel. Ahora, en cambio, los recelos eran mutuos.

Por planes que hacemos con Guido Spano no es posible intentar llegarnos a Paysandú. El 2 de enero de 1865 nos llega la inevitable noticia: ha caído Paysandú. Venancio Flores ha terminado con el heroísmo de Leandro Gómez, ha entrado a mansalva a la plaza, ha fusilado de inmediato a Gómez y a todos sus soldados. Éstas son las noticias que nos llegan. ¿Y Rafael? ¿Dónde está Rafael, qué le ha pasado? No puedo quedarme de brazos cruzados, no puedo hacer lo mismo que Olegario V. Andrade, a quien encuentro presenciando, desde la orilla argentina, el incendio de la ciudad caída y escribiendo una nota donde se condena el exterminio de esa ciudad indefensa. No puedo continuar en situación contemplativa. Lo mismo piensa Guido Spano. El arribo de Julio Victorica, que trae una carta de Urquiza dirigida a Venancio Flores, solicitando que salve la vida de Gómez, nos decide a embarcarnos en dirección a la ciudad mártir. Vamos en dirección de la Isla Caridad, que es argentina. Sé que Rafael ha estado luchando al lado de Leandro Gómez, con el grado de capitán. "Todos han sido fusilados" repica en mi conciencia un fúnebre presagio. Pero la Isla Caridad se debería convertir en caritativa para mi estado de ánimo: escucho que alguien nombra a mi hermano, él está herido en el improvisado hospital que se armado en la Isla. Lo encuentro, al fin. Era cierto, al caer la ciudad recibió una grave herida y tuvo el tino y la gran fortuna de poder abandonar la lucha, disfrazado de gaucho changador, pudo burlar la vigilancia y cruzar a La Caridad. Julio Victorica sigue su camino portando esa misiva salvadora de vida, pero llegará tarde, el espíritu sanguinario de Venancio Flores no disponía de tiempo para la piedad.

No tengo otro remedio que atender en La Caridad a Rafael, esperar a que pueda moverse. Repuesto suficientemente de sus heridas, todos nos vamos a Paysandú, queremos ser testigos visuales del grado de crueldad del ejército de Flores, para poder relatarlo en nuestras diatribas periodísticas. Por todos lados hay huellas de violencia y testimonios de los atropellos. El regreso solamente depende del restablecimiento definitivo de Rafael. Cuando su salud lo permite, junto a Guido Spano nos embarcamos en dirección de la costa argentina. En Paraná vuelvo al regazo de mi china querida. La experiencia vivida en Paysandú me ha sumido en profunda postración. Casi no salgo de casa. Me visitan mis muy queridos cuñados, los González del Solar: ellos tratan de levantar mi estado de ánimo. Por fin Andrés González del Solar me convence de ir a Rosario, allí se encuentra mi tío, el coronel de la Independencia Manuel Alejandro Pueyrredón, esa posibilidad me incentiva y viajo. Durante el trayecto discuto de política con Andrés, por las noches comienzo a improvisar unos versos gauchescos, que me animo a cantar rasgueando una mala guitarra. He puesto la simiente de mi primera experiencia como poeta gaucho. Ha comenzado a gestarse en mí el Martín Fiero.

En Rosario, ¡oh, sorpresa!: no solamente encuentro a mi tío el coronel gobernador, también está mi amadísima Mama Totó, blanca ya en canas por el paso de los años. Las pláticas son interminables, me lleno de recuerdos. Nacen nuevos amigos en esa corta estadía en la ciudad de Rosario, allí conozco a Eudoro Carrasco, a Pascual Rosas, a Ovidio Lagos, al coronel Prudencio Brown Arnold, a Manuel Carlés, hay otros que ya no recuerdo. Salgo de recorrida por los campos aledaños a Rosario. Observo el transitar de los gauchos, de a caballo, unos zambos, rotosos; otros morenos, robustos; los hay rubios, con melenas de apóstoles. Todo me va sirviendo para ir hilando un argumento. De periodista y ensayista, que soy o he pretendido serlo, va naciendo en mí un llamado de la tierra, de mi propia sangre. Quiero poder hablar el lenguaje del hombre de campo argentino. Que se exprese ese hombre, que diga cómo es, cómo ha sido su vida de dolor, sus alegrías simples, su real barbarie, barbarizada por la civilización. Para todo eso tengo siempre en mis manos el negativo retrato del gaucho, escrito por Sarmiento.

He cumplido con el motivo por el cual viajé a Rosario, se impone el regreso. De vuelta en Paraná, al correr de los días, la falta de variables y de incentivos comienza a convertir mi vida en algo poco soportable. Paraná languidece, yo desfallezco. Solamente somos testigos, a la distancia, de lo que pasa en Buenos Aires, de la compleja trama de las relaciones internacionales, de los acuerdos secretos entre Mitre y los brasileños. Comienza a preocupar el accionar del dictador del Paraguay, ese león enjaulado que es Francisco Solano López. Ha protestado por la masacre de Paysandú, ha denunciado las ambiciones expansionistas que tiene Brasil. Comienza a forjarse la Triple Alianza. Argentina, Brasil y el Uruguay se unen para reprimir al gobernante paraguayo. Solano López es un hombre soberbio, de grandes ambiciones, supone que quien pega primero pega dos veces. Por instinto de supervivencia, quizás, declara la guerra al Brasil. El gobierno argentino se mantiene expectante. Yo no quiero seguir de espectador, pero ¿qué debo hacer?, ¿dónde debo dirigirme? No puedo volver a Buenos Aires mientras Mitre siga comandando la situación. En su diario *La Nación Argentina* el caudillo porteño, el 14 de diciembre de 1864, ha calificado a Solano López como "El Atila americano" y se ha pronunciado a favor de una alianza con el Brasil. Ha sostenido que el Gobierno brasileño es liberal, civilizador, regular y amigo de la Argentina: ha dicho que una alianza moral con el Brasil representa el triunfo de la civilización en el Río de La Plata. No resultará lo mismo si triunfan los paraguayos en la guerra, que ya se encuentra en trámite. Yo y mis amigos federales estamos en total desacuerdo, pactar con el Brasil será consagrar nuestra dependencia con ese Imperio deleznable. Le respondo con furia en *El Argentino* a Bartolomé Mitre. Con Olegario V. Andrade competimos con nuestra prosa, a cual más severa, más crítica, más contundente.

Pero la guerra resulta inevitable. Solano López se hace el ofendido frente a los dicterios de La Nación Argentina, no tolera que lo traten de bárbaro y de Atila. Sobrestima su poder de acción militar y, sin declaración de guerra previa, el 13 de abril de 1865, tropas del Paraguay toman por asalto el puerto de Corrientes y se apoderan de los buques argentinos "25 de Mayo" y el "Gualeguay". El Presidente Mitre declara la guerra por decreto, pero los soldados argentinos marchan de muy mala gana al frente de combate. Los entrerrianos se sublevan. Urquiza está escondido en San José, como si estuviera en una cueva. El gauchaje es llevado a la fuerza a presentar pelea, arrastrado por esteros y selvas casi intransitables. La guerra no resulta un paseo, como ha fanfarroneado Mitre. Se hace larga y duele. Un día me entero, con verdadero estupor, que los prisioneros paraguayos son vendidos como esclavos en el mercado brasileño de San Borja, lo ha escrito el coronel Bray. Mitre sigue diciendo que hacemos la guerra para honrar la ilustración y la civilización de nuestros pueblos. Me entero que López Jordán se ha distanciado de Urquiza, con motivo de la guerra, y en una carta le dijo: "Usted nos llama para combatir al Paraguay. Nunca, General, ese pueblo es nuestro amigo. Llámenos para pelear a los porteños y brasileños. Estamos prontos. Esos son nuestros enemigos. Oímos todavía los cañones de Paysandú. Estoy seguro del verdadero sentimiento del pueblo entrerriano".

Siento que los acontecimientos me superan. Empiezo a sentirme impotente, a descreer en la eficacia de la acción periodística. Un viejo sueño ronda mi fuero íntimo: tener una estancia, desarrollar una hacienda, prosperar y dejar la vida de pobre a la cual siempre estuve sometido. Esos sueños se los relato a Rafael, mi hermano y a Andrés González del Solar. Planeamos instalarnos en Rosario, en esos campos que los tres ya conocemos. El ferrocarril acerca distancias, unámonos al progreso, sostenemos al unísono. Todos son puros proyectos, porque ninguno de nosotros cuenta con dinero suficiente para intentar algún emprendimiento. Planeamos, en una primera instancia, comenzar con un escritorio de compra y venta de campos, luego alquilar un establecimiento para explotarlo y, así, de a poco, lograr convertirnos en propietarios ¿Por qué no intentarlo? Hago la propuesta en firme, mi hermano asiente. En Rosario está Mama Totó y mi tío, el viejo Manuel Pueyrredón. Todo esto ocurría cuando promediaba el año 1865. Decisión y cumplimiento se convierten en el hecho cierto de mi traslado a Rosario. Me instalo en una casa de la calle Buenos Aires, al número 52. Carolina y mi pequeña hijita quedan en Paraná. Comienza mi odisea, camino y recorro los campos aledaños, buscando una pista, una solución viable a la realización del proyecto de convertirme en estanciero. Los sueños se van desvaneciendo de a poco. No tengo ni dinero ni paciencia para continuar en Rosario. Los primeros días de noviembre de ese año ya estoy de vuelta en Paraná. Allí me entero de que Carolina me hará padre por segunda vez. El día 6 nace quien sería mi único hijo varón, a quien dispusimos con mi mujer llamar Manuel. Casi simultáneamente me entero de que Manuel Alejandro, mi tío, se ha muerto el día de mi cumpleaños, ese 10 de noviembre de 1865 en que cumplo treinta y un años. Siento que Mama Totó me llama a Rosario para que le haga compañía y allí parto, solamente para cumplir con una corta visita de pésame. Unos nacen y otros mueren. Sólo los pueblos son eternos en la realización de su propio proceso histórico.

Época insulsa de mi vida la que estoy relatando, sin confrontaciones importantes, sin mayores proyectos. Deambulo por los campos, sigo soñando ser estanciero, vuelvo a Rosario guiado por el mismo proyecto, galopo la pampa santafesina, esos lares que existen entre el Río Carcarañá y el Arroyo Ludueña. Recorro aguadas y barrancas, barriales y amplios pastizales, de un verde suave, que llenan de esperanzas mi vida... Lo concreto es que estanciero nunca logré ser, solamente alcancé a comprar dos humildes terrenos en el Saladillo, intentos de estancia, pero nada más que eso. Sigo pobre por esos tiempos, sin saber que hacer de mi vida. Deambulo entre Paraná y Rosario. Ya *El Argentino* apenas puede sobrevivir.

Mientras tanto, la guerra contra el Paraguay continúa, se prolonga indefinidamente, cobrando la vida de miles de criollos que dejan este mundo en los esteros paraguayos. Mi permanencia en Paraná ya no resulta posible, carezco virtualmente de trabajo, volver a Buenos Aires es una temeridad. La única alternativa viable la ofrece Corrientes, donde mis cuñados González del Solar -Melitón, el médico, y Nicanor, el abogado- se encuentran instalados. Ellos me convocan y allí parto. Gobierna la provincia don Evaristo López, federal de una pieza, gran luchador el hombre, está necesitando quien le dirija un diario que le preste decidido apoyo. El ofrecimiento es concreto, el 24 de marzo de 1866 aparece el primer número del *Eco de Corrientes*, yo soy su Director. López es un criollo bondadoso y simple, un paisano rústico, honrado, con eso le alcanza para ser querido por la gente. Me encanta defender su gestión de gobierno.

Cumplo mi función, como siempre, con fervor y apasionamiento. Me hago tiempo para dictar clases de Gramática en la escuela San Agustín. En eso estaba, transcurría el año 66, arribando ya a mis treinta y dos años, la vida no otorga sosiego. Un día toda la población toma conciencia del grave peligro que corre: el *cólera morbus* desciende desde la selva paraguaya dejando su rastro de muerte, más temible que la misma guerra. Primero Corrientes, luego todo el país queda expuesto al flagelo. Melitón, en su condición de médico trabaja con alta eficiencia y sin descanso, yo estoy en todas partes, me dicen que parezco una suerte de Sansón, levantando en mis brazos a los enfermos, sin temor alguno. Los afectados están en cualquier parte y hay que atenderlos. El gobernador Evaristo López, que está enterado de todo, decide darme un reconocimiento. La epidemia ha concluido, comienza mi actividad política en Corrientes, primero me nombran Secretario de la Legislatura, ello ocurre el 7 de marzo de 1867, al poco tiempo paso a desempeñarme como Fiscal de Estado, pero en octubre ya estoy cumpliendo funciones como miembro del Tribunal de Justicia de la provincia. No lo puedo creer. A comienzos del nuevo año (hemos inaugurado 1868), me nombra López su Ministro de Hacienda. De periodista a político, luego funcionario judicial, sin haber cursado estudios jurídicos concretos, para terminar siendo el responsable de la actividad económica provincial, sin mayor preparación, pero con sentido práctico para resolver los problemas: parece que ello basta. Aunque parezca mentira la proximidad con el teatro de la guerra ha producido en Corrientes una reactivación económica que, se advierte fácilmente, ha levantado el nivel de vida de la gente. Ha aumentado la popularidad del gobernador López.

Se avecinan las elecciones presidenciales porque el período de Mitre concluirá ese año de 1868. Los partidos porteños, los crudos y los cocidos, el movimiento logista, están activos en todo el país y Corrientes no es una excepción. Se necesitarán los votos de la provincia para asegurar la candidatura de la fracción dominante. Desde *El Eco de Corrientes*, porque no he abandonado mi tarea periodística, sigo fustigando al porteñismo, a esa oligarquía que no acepto, y en particular a Mitre. La guerra continúa, parece que no tendrá fin. Desde sus funciones diplomáticas en los Estados Unidos, Sarmiento se mueve con gran habilidad. Adolfo Alsina, con todo su prestigio se le opone en Buenos Aires. Sarmiento cuenta con el apoyo de Mitre, de Posse, de Vélez Sarsfield y hasta de la hija de éste, Aurelia, amiga intima del gran sanjuanino.

Alsina, advertido de la situación, intenta dividir al mitrismo, introduce la alternativa de Urquiza en la puja electoral. Nosotros, los federales que estamos en Corrientes, apoyamos la candidatura de Urquiza. Desde el Paraguay, en su campamento de Tuyú Cue, Mitre escribe su testamento político: sostiene que las candidaturas de Urquiza y de Alberdi, el eterno proscripto nunca estaría dispuesto, resultan reaccionarias y que Adolfo Alsina representa la liga inmoral de poderes electorales usurpados por los gobernadores. A mi me parece inmoral que el Presidente en ejercicio actúe como operador político en la campaña a favor de Sarmiento. Eso es lo que proclamo, sin pelos en la lengua, en *El Eco de Corrientes*.

Estar en Corrientes significa encontrarse en el centro de una boca de tormenta. Corrientes es una provincia indómita, que se siente a si misma como república independiente. Por eso los diarios porteños de Mitre, de Sarmiento del viejo Vélez, inician un rudo ataque contra "el bárbaro y atrasado gobierno de Evaristo López". En una reunión suprema de los venerables hermanos logistas, celebrada el 18 de setiembre de 1868, se proclama "la candidatura del Hermano Sarmiento", para Presidente de la República. El gran sanjuanino precisa los votos de los electores de Corrientes, porque sabe que el camino a la presidente nunca es un lecho de rosas. Ante la duda lo mejor es actuar, los liberales correntinos promueven un movimiento sedicioso que depone al gobernador López. Los coroneles Reguera y Ocampo, el 27 de mayo, al grito de "¡Muera Urquiza!", pusieron en prisión al gobernador López. Los votos de la Legislatura local quedan asegurados. Siento que el desamparo vuelve a golpear mi vida, el nuevo gobierno embarga nuestra imprenta. Huyo despavorido, Rosario me recibe, una vez más, allí encuentro a Ovidio Lagos, antiguo chupandino, quien desde *La Capital* es un firme defensor del movimiento federal. Lagos propicia el traslado de la capital argentina a Rosario, para poner al poder nacional a cubierto de las mañas del "círculo esclavista". Yo escribo una nota, en "La Capital", cuyo titulo es "Rosario debe ser la capital de la República". Luego continúo, entre el 20 de junio y el 21 de julio, publicando nueve notas más, siete de ellas dedicadas a la revolución correntina.

Durante ese viaje a Rosario me toca un trascendente papel político. Al gobernador Nicasio Oroño lo depone un movimiento de fuerza, la ley que él impulsara sobre matrimonio civil ha generado gran resistencia. Hay que elegir un interventor, soy amigo de Benito Graña, logro potabilizar su nombre y Urquiza acepta mi sugerencia de gestionar su designación. La movida política en el interior del país no descansa, yo tampoco. En Corrientes, el General Cáceres, federal correntino que no se entrega, no acepta el golpe contra Evaristo López y se alza en armas. Mi andar trashumante no tiene sosiego, ya estoy nuevamente en el centro de la acción política en Corrientes. Primero, López me designa Ministro de Hacienda -¡qué sabré yo de economía!... en fin, esa es la historia de los argentinos. El gobierno nacional hace un golpe de estado, cae López, yo sigo su suerte, pero Evaristo es hecho prisionero. López, que ha huido de su prisión, se proclama gobernador en campaña. Me encuentro a su lado y, sin más trámite, me designa Ministro General de Gobierno, obviamente que en campaña. Desde ese puesto opero como escribiente, le pido consejos a Urquiza sobre cómo comportarme en mi andariego ministerio. Lo hago desde La Paz el 20 de agosto de 1868. También me carteo con su hijo Justo Carmelo, lo hago con especial afecto, desde Corrientes, el 8 de abril del 68. Quien apoya a Evaristo López es el general Cáceres, que se levanta contra los usurpadores liberales. Este general establece su cuartel de operaciones en la estancia "El Paraíso". Allí llegamos las autoridades itinerantes.

El Presidente Mitre, a punto de entregar el poder, designa a su hermano Emilio como negociador de la contienda. Emilio Mitre es un general que ha sido nombrado comisario general del Gobierno Nacional en Corrientes. Cáceres no parece poder actuar si no cuenta con el apoyo de Urquiza. Pero éste no quiere intensificar la guerra civil, se pronuncia por la intervención federal para reponer a López en su cargo. Cuarenta y ocho horas antes de que Sarmiento asuma la presidencia, Mitre impulsa su último acto institucional de gobierno trascendente, logra que el Congreso, por ley 279, declare la anhelada intervención federal. Sarmiento da cumplimiento a la ley y envía a su flamante ministro Vélez y al cuñado de Urquiza, don Benjamín Victorica, a negociar. Y allí me tienen ustedes sentado en la mesa de negociaciones, junto a Urquiza, Vélez, López y Cáceres: mi papel es ser, apenas, un mero enlace. No hay acuerdo posible. El restituido gobernador López queda huérfano de apoyo. Urquiza desairado.

La lucha militar resulta inevitable, los resultados son cambiantes, primero los federales López Jordán y Justo Carmelo Urquiza arrollan a los liberales correntinos; pero luego las fuerzas a cargo de Emilio Mitre destrozan a los federales de Cáceres. Estoy en la brega, otra vez escucho la convocatoria de las armas, la batalla periodística pasa a segundo plano, empuño nuevamente el sable de soldado, me uno a la patriada que encabeza Cáceres, atravieso los campos y bañados de Curuzú-Cuatiá, camino al enfrentamiento militar. Mi Carolina y mis tres hijos, porque el 24 de setiembre ha nacido Merceditas, ven como su padre y esposo se ausenta ¿volverá? Me juego la vida en esos entreveros de hombres bravos, de unitarios y federales, esa guerra civil interminable para los argentinos. Antes que la derrota se produzca en el campo de batalla me siento vencido moralmente, en el interior de mi propia alma. Abandono los agrestes pajonales correntinos, vencido. Llego a la ciudad, busco mi casa, golpeo la puerta con el pesado hierro que hace de llamador, abro los brazos para estrechar a mi china adorada, la cara de un extraño me llena de sorpresa, allí me entero que hace dos meses mi familia ha sido desalojada. La busco por Corrientes, es en vano. Han regresado a Paraná, me dicen, a la casa de sus padres. Mi enorme humanidad no encuentra sosiego, me siento derrotado, abandonado ¿Cómo continuar esa lucha vana e incierta?

No se de dónde saco fuerzas para decidir viajar a Buenos Aires, a reclamar justicia, por mi casa usurpada, para poder entrar en la lista de pago, por lo que me deben por haberme desempeñado como empleado, como periodista, como maestro. Leo mi vida y me encuentro escribiendo un capítulo muy preciso de un tal poema que se titula Martín Fiero.

Iré a Buenos Aires como gaucho bravío, en defensa de todos los gauchos golpeados por esta nuestra injusta tierra. Si me lo encuentro a Don Domingo, lo enfrentaré con mi verdad coplera, si me topo con Sarmiento le diré: nosotros somos bárbaros sin ilustración, pero no mentimos ni ejercemos traición.

Buenos Aires, siempre Buenos Aires

Llego a Buenos Aires, después de diez años de ausencia, con mis alforjas llenas de notas periodísticas. Llego como combatiente de Mitre y de Sarmiento, el Presidente en ejercicio. Desde *La Capital* de Rosario he dicho: "Mitre ha hecho de la República un campamento, Sarmiento va a hacer de ella una escuela. Con Mitre ha tenido la República que andar con el sable a la cintura. Con Sarmiento va a verse obligada a aprender de memoria el método gradual de lectura y los anales de Juana Manso ¿Consentirá el país que un loco, un furioso desatado, venga a sentarse en la silla presidencial, para precipitar al país a la ruina y al desquicio?"

Llego muy pobre a la ciudad de mi nacimiento, despojado de mi imprenta y de mi casa, en Corrientes, para alojarme en una modesta vivienda, sin trabajo cierto, a recorrer la ciudad para ver cómo había de ganarme la vida. No era abogado, pero fui fiscal en Corrientes, como no iba a pleitearlo al sátrapa que me había quitado mis bienes, allá en Corrientes; cuánta ilusión había en mí, ni un peso vi de cuanto pretendía. Iba creciendo dentro de mi atribulada existencia el libreto sobre el gaucho Fierro. En esas horas muertas que todo cristiano tiene, se me ocurrió ponerme a estudiar los antecedentes argentinos que justificaban nuestra soberanía sobre las Islas Malvinas, de allí resultó que me animé a publicar un pequeño libro, donde fundamento esa grande pretensión, para lo cual me documenté con las noticias que al respecto me dio Augusto Lasserre, quien había viajado a las Islas. Una forma de ir haciendo patria, canejo.

Ese libreto que voy desencarnando de mi vida, imaginándolo cada día que con dolor transcurro, no sólo es guión de poeta, yo bien lo sabía. No estaba madura aun la prosa en verso, pero sí la esbirra pluma de periodista que había esgrimido en el litoral argentino. Con Sarmiento en el gobierno, con *El Nacional* del viejo Vélez, su incansable ministro del Interior, con *La Nación Argentina* del guerrero Mitre, sustentado periodísticamente por el inefable Juan María Gutiérrez, el Ñato que no fue gaucho pero sí científico, con *La Tribuna* de los Varela, artífices de las letras, cómo iba a quedarme cruzado de brazos, en éste, mi pago porteño. Bastó que me reuniera con los Guido Spano, con Navarro Viola y con Vicente Quesada, esos amigos que siempre me dieron fuerzas para mantenerme en acción: bastó que imaginara lo sabroso que serían las nuevas "batallas de la inteligencia" donde tendría que darse la lidia; bastaron esas simples motivaciones para hacer posible que el 6 de agosto de 1869 naciera, con la dirección del suscripto, y con la colaboración de aquellos y de otros, como también lo fueron Agustín de Vedia, Mariano Pelliza, el general Guido, Sierra Carranza, Aurelio Terrada, Cosme Mariño y un mocito rosarino, que no pasaba los quince años, llamado Estanislao Zeballos, para que naciera, de ello estábamos hablando, *El Río de la Plata*, mi nuevo diario. Había juntado buena plata en mis actividades comerciales que lo hicieron posible. Era un diario "tamaño sábana". Cohetes y bombas anuncian la salida del primer número, se colma la redacción, la gente se agolpa en la acera, una banda de música irrumpe con los acordes del Himno Nacional, cuanta emoción embarga mi espíritu. Una gran cantidad de misivas nos llegan, nos saludan y alientan, Carolina ha preparado dulces y licores para el festejo, hasta digo un pequeño discurso y hago un brindis florecido. A la noche no me olvido que mi amigo Leandro Alem está combatiendo en los esteros paraguayos, preparamos una encomienda y le enviamos licores y dulces, para compartir, a la distancia, el festejo.

"El Río de La Plata" no estaba solo en su confrontación opositora al gobierno de Sarmiento. *La Nación Argentina*, el diario de Mitre, era un tremendo fustigador del sanjuanino; y en *La Prensa* José C. Paz no era tan tajante, pero sí no menos severo en sus críticas. Sin embargo nos diferenciábamos, porque nosotros no caíamos nunca en la injuria baja, expuesta con vehemencia innecesaria. En cambio nuestro estilo era el de la circunspección, presentábamos notas enérgicas pero elevadas, una verdadera cátedra de civismo y de cultura periodística. Instalamos nuestro diario en pleno centro de la ciudad, en la calle Victoria.

En "El Río de la Plata" puse toda la fuerza de mi alma, contenida en ese cuerpazo enorme que Dios supo darme, toda la luz de mi inteligencia inquieta y toda mi indeclinable pasión federativa, esa pasión que me acompañó toda mi vida. Nació mi diario para controlar al Presidente maestro, para recordarle que debía respetar las reglas de su docencia cívica, que él siempre había predicado, pero también nació para seguir combatiéndolo a Mitre y a su partido ¿Quiénes somos? se pregunta el editorialista Carlos

Guido: "Somos más o menos conocidos, viejos conscriptos de las luchas de la República; hemos asistido a los grandes sacudimientos que la han conmovido; tuvimos nuestra parte en los combates, y en nuestra peregrinación borrascosa hemos adquirido una clase de valor, el único que venimos a ostentar, el valor de la concordia" ¿Cuál sería nuestro programa?: defender las autonomías provinciales y municipales, concluir con el servicio de fronteras, lograr que el pueblo eligiera a los jueces de paz y a los comandantes militares, así como también a los consejeros escolares. El Martín Fierro iba a germinar, a irse gestando, en la brega, en la simiente periodística, antes de convertirse en la canción de la pampa argentina.

En su editorial del 20 de agosto *El Río de la Plata* hace el elogio de la oposición. Somos federales pero no bárbaros. Urquiza ha contratado sabios de fama universal, como De Mussy, como Amadeo Jacques, como Augusto Brovard; ha impulsado la inmigración europea, ha fundado la Colonia Esperanza, en Santa Fe, y la de San José, en Entre Ríos, haciendo donación de tierras propias, en beneficio de los sin tierra, sin empresarios aprovechados y sin prebendas, sin fabulosos negociados. El bárbaro Urquiza funda instituciones de investigación científica, abre escuelas primarias y secundarias, tanto en Paraná como en Concepción del Uruguay. Es falso que hubiera barbarie en las realizaciones de los federales argentinos.

De esos temas me ocupo en nuestra hoja de combate. Escribo sobre "la ciudad y la campaña". Sigue germinando don Fierro. Es una página que se ha constituido "en defensora de los derechos desconocidos y violentados en el habitante de la campaña". Siempre me entusiasmó marcar la antinomia entre la ciudad y el campo. La ciudad funge como despiadado privilegio donde el desamparo campesino se encuentra avasallado. Desierto de leyes y de justicia, asiento de la arbitrariedad y del despotismo urbano, es allí donde reina la barbarie. Contra cara argumental al Facundo de Sarmiento. Si en el campo hay barbarie, también la hay en la ciudad. Ambas fueron aprovechadas por Rosas para abatir y pisotear la arrogancia porteña. Eso explica "la tiranía de veinte años que se desplomó sobre la República...Rosas cayó porque el reinado del despotismo no podía ser eterno, porque la libertad mina a cada hora y a cada minuto el trono en que sientan los déspotas de la tierra" En los números 48 y 50 de mi querido diario, el 3 y el 6 de octubre de 1869, aparecieron estas notas fijando posición en la historia de la patria. Cayó Rosas, el caudillaje fue abatido, pero han pasado los años y la igualdad de las clases sociales no se ha hecho realidad. "La ciudad se levantó henchida de fuerza, para imponer a la campaña sus leyes represivas".

No me callé cuando tuve que defender al gaucho. "El servicio de las fronteras parece haberse ideado como un terrible castigo para el hijo de la campaña ¿por qué no se hace extensivo a los hijos de la ciudad". Me opongo al decreto que reglamenta ese servicio, decreto "lanzado desde su poltrona por el gobierno de la provincia". Basta de levas dispuestas arbitrariamente por los jueces de paz y por los comandantes de campaña, "incontrolados reyezuelos de los confines", conscripción antojadiza de gauchos y de aquellos llamados "vagos y mal entretenidos". Leva que mixturaba todo: desertores del ejército de línea y paisanos afincados, arrancados todos ellos de hogar, bienes y familia. Era la temática del gaucho Martín. Terminar con las levas y con la vida del fortín, vida inclemente y dura, penosamente inhumana, miserable y corruptora. Vida de extorsión, sin paga ni premio alguno. Poca comida, escasez de vestuario, de municiones, de armas y de caballadas. En cambio los malos tratos, las privaciones y los castigos, el cepo y otras delicias, gozaban de la virtud de la permanencia. Era una cárcel esa mentida frontera. Lo vi por mis propios ojos y lo leí en la mismísima prosa unitaria de Vicente Fidel López. La desesperación del enganchado a la fuerza lo convertía en el desertor que huía al desierto, buscando la libertad aun entre la indiada ¿Cómo es, entonces, que no se ataca el mal de raíz, que no se aplica un remedio a ese cáncer social? La prosa del *Río de la Plata* era un preludio de los octosílabos martinfierrianos que germinaban, en situación de inconciencia, que bullían en mi espíritu apenado.

Por esos tiempos la Sociedad Rural Argentina propone algo insólito, reemplazar el enganche obligatorio de los gauchos por un impuesto personal de doscientos pesos anuales, a ser pagado solamente por gente del campo ¿Por qué no iban a oblarlo los pobladores de la ciudad? Era un sistema que distinguía hijos de entenados. Me opongo terminantemente a semejante iniciativa en una nota editorial del 19 de agosto. Luego viene otro disparate, pero no se trata de un proyecto, sino de un decreto oficial que dispone la conscripción por sorteo entre el gauchaje. Una forma de sortear la injusticia. Propongo, en cambio, que "la frontera sea guarnecida por tropas de línea, organizada por el sistema de enganche voluntario, para dar ocupación a tanta gente desocupada que vaga por cualquier lado, sin trabajo. Bajo línea a favor de fomentar la colonización de las tierras públicas, a favor de las tierras ganadas a las fronteras, por vía del progresivo desalojo de los indígenas. Quizás a mi propuesta le faltara la reivindicación territorial del indio. Yo había nacido para reivindicar los derechos del gaucho, no me hice cargo de la situación de nuestros aborígenes. "Gobernar no es comerciar, sino administrar dentro de la ley. Percibir impuestos y aplicarlos a la marcha regular de los poderes, para mantener el orden público, hacer justicia, garantir el ejercicio de los derechos comunes, propender a que la iniciativa individual encuentre en la libertar el poderoso resorte de su desenvolvimiento. Lograr que la tierra se distribuya consultando los intereses de toda la población, subdividirla en pequeños lotes para atraer a la población al campo, tarea proficua y estimulante. No repartir la tierra entre pocas grandes fortunas, para mantenerlas en la esterilidad y el abandono. El gobierno sólo debe administrar, la iniciativa privada debe ser factor de progreso y la libertad de trabajo debe ejercerse en función de la propiedad, como presupuesto necesario de la libertad política". Sostuve que a mi juicio fue un gran error el que padeció Rivadavia, en su decreto de 1822, cuando afirmó que "Las propiedades de terrenos de un Estado son las que más habilitan a la administración, no sólo para garantizar la deuda pública, sino para hacerse de recursos en necesidades extraordinarias". Mi posición ideológica era de un liberalismo social indiscutible, libertad de comercio pero al servicio de la sociedad, no irrestricta a favor de los intereses de los dueños de la tierra. "La división de la tierra" fue el título del editorial que el 22 de setiembre trató estos temas en *El Río de la Plata*.

Seremos "infatigables y perseverantes en defender la causa de los oprimidos", era nuestra prédica periodística diaria, "no desmayaremos antes de ver que las garantías individuales se conviertan en verdad incuestionable y dejen de ser una simple y lujosa declaración de la ley... Basta de proyectos grandiosos que jamás resolverán el problema de nuestra futura grandeza" ¿Qué importan las grandes manifestaciones del espíritu emprendedor si subsiste una amenaza contra el derecho, si la existencia misma está amenazada? El *Río de La Plata* se ha constituido en defensor de los derechos desconocidos y violentados en el habitante de la campaña". No estaba la oligarquía porteña acostumbrada a ese lenguaje, el pueblo mismo lo ignoraba. No se trataba de discursos vacíos, sino del análisis de los problemas argentinos en concreto. Sarmiento no habla de los oprimidos, sino de la barbarie. No se ocupa de cómo civilizar y hacerle justicia al pobre gaucho, sino de como ilustrar al ciudadano urbano. Eso creía yo, José Hernández y lo dejaba traslucir en mis escritos. Me olvidaba que Sarmiento había escrito "La educación popular", en 1849, que para él eso implicaba a todo el pueblo, el urbano y el campesino, que allí había dicho que "Un padre pobre no puede ser responsable de la educación de sus hijos, pero la sociedad en masa tiene interés vital en asegurarse de que todos los individuos que han de venir con el tiempo a formar la nación, se realicen por la educación recibida en su infancia, preparándose suficientemente para desempeñar las funciones sociales a que serán llamados". También al gaucho y a sus hijos quería instruir Sarmiento...eso de que solamente servían para que su sangre abonara la tierra de la pampa -eso dijo Sarmiento- debemos atribuirlo a sus pasiones desorbitadas, pero no como una prédica para la acción política. Así debemos suponerlo.

Estábamos alineados políticamente en federales y unitarios, separados en autonomistas o liberales nacionalistas, recíprocamente denominados crudos o cocidos. Los federales reivindicábamos la tradición y la tierra, valorábamos el valor humano nativo; los unitarios dirigían su mirada a Europa, especialmente a Francia. Pero ambos partidos propugnaban la cultura y el progreso para la patria. Frente a Mitre, Sarmiento y Elizalde, unitarios, estábamos quienes seguíamos a Alsina, a Rawson, a Oroño, autonomistas o federales. Frente a las plumas de Varela, Gutiérrez, Mitre, Sarmiento y Juan Chassaing, están las de Navarro Viola, Guido Spano, Ramos Mejía, Andrade, también la del gaucho Martín Fierro. En cuestiones de organización Mitre y Sarmiento confrontaban con Urquiza. Nos inculpábamos, entreambos, responsabilidades del pasado: éramos "rosines" y mazorqueros, los crudos, los asesinos de Pago Largo y Santos Lugares, para los unitarios. Quienes transaban con Francia, en guerra con la patria, con la asociación secreta y criminal de los juan-juanes, eran los responsables de las matanzas de Villamayor, de El Gigante, de Puesto Valdés, de Cañada de Gómez, según el punto de vista de los federales.

Sarmiento se ha suscripto a nuestro diario, le interesa saber cómo y cuánto apunta su artillería contra Mitre; sabe que lo resiste *El Río de La Plata* pero que cuestiona más a Mitre. Sin embargo en algo vengo a coincidir yo, José Hernández, con don Bartolo: ambos le hacemos una revolución a don Domingo, en mi caso junto a López Jordán, también Mitre, justo cuando está por terminar Sarmiento su gobierno, para impedir que Avellaneda se haga cargo de la transferencia constitucional del poder, él que había jurado unos días antes respetar el resultado de las urnas, fuera bueno o malo el electo. Contradicción en Mitre, contradicción mía cuando me he unido a López Jordán, luego de que éste estuviera complicado en el asesinato de mi admirado caudillo federal, el entrerriano Urquiza. Contradicciones de nuestra historia patria... cuánto han pesado en nuestra vida.

La puja entre Mitre y Sarmiento era muy fuerte, sobre todo cómo trataba el periodismo mitrista a nuestro Presidente ¿Quién es Sarmiento sin Mitre? Nada más que un "asno", ello se prueba fácilmente, decía el mitrismo, basta con quitarle a la voz "sarmiento" las letras que corresponden a la voz "mitre" y podemos constatar que quedan las justo las letras con las que se escribe "asno". Así de simple, pero también de brutal para un Presidente de la República. Para mi Mitre y su prensa eran muy injustos con Sarmiento, éste ha heredado el "presente griego administrativo que le hizo Mitre". "Es lástima grande y vergüenza que los que han dado al país días de luto y de sangre, de humillación y de escándalo, bajen tranquilos de sus puestos encumbrados por la acción pacífica y hasta cierto punto reparadora de las leyes. Su caída no debiera ser obra de la ley, sino de la voluntad del pueblo, erigido en soberano juez... Mitre debió haber descendido por la justicia del pueblo. Lo afirmo en el editorial del 10 de octubre del 69 en El *Río de La Plata*. Quiero hacerle justicia a nuestro Presidente, por eso sostengo que se advierte "en el gobierno de Sarmiento su anhelo patriótico y su empeñosa constancia en la obra del progreso y de la mejora social". Pero también Sarmiento merece reproche, por culpa de Mitre: "¿Por qué no se lo condena, me pregunto, por continuar el itinerario del Paraguay...? La Alianza sigue desplegando sus fúnebres acciones y cada una de las repúblicas del Plata, amarrada a su potro, espera en la solución de esa tragedia sangrienta del Paraguay, la última palabra de su suerte". Eso dicen los editoriales del 21 de setiembre y del 16 de octubre del 69. Sigo cargando contra Sarmiento, lo denuncio como "degollador", pues la degollatina dispuesta por el famoso Sandes, en perjuicio de varios jefes y oficiales, no ha hecho otra cosa que cumplir una orden presidencial. También le son imputables las salvajadas de Arredondo en La Rioja, digo. Pero como quiero ser un fiscal equilibrado y no tendencioso, cuando Mitre desde el Senado provincial critica el fusilamiento de Zacarías Segura, dispuesto por Sarmiento, el *Río de La Plata* le recuerda a la prensa mitrista que se ha olvidado que ella sólo ha tenido aplausos y encomios para las violencias y arbitrariedades cometidas en otra época, lo he escrito el 29 de setiembre de 1869. Duro contra Sarmiento pero también contra Mitre.

Después aterriza la polémica sobre las razones de la guerra del Paraguay, ¿para qué fuimos a esa guerra? "Sólo a vengar el honor nacional", asegura Mitre, "no ha derribar una tiranía, sino a vengar una ofensa gratuita". En cambio, ¡oh sorpresa! el mismísimo ex-canciller de Mitre, Rufino de Elizalde, quien ha sido uno de los redactores y firmantes del Tratado de la Triple Alianza, hace declaraciones y sostiene, contradiciéndolo a Mitre, que "el pensamiento que me dominó y se consignó en ese Tratado, fue derrocar la tiranía del Paraguay; ese pensamiento se revela en cada palabra del Tratado y fue explicado y aplaudido por todos los que concurrieron a convertirlo en ley de la República". En qué quedamos, me pregunto el 28 de diciembre del 69 en mi diario, a quién se tiene por cierto, al ex-Presidente o a su canciller. Yo concuerdo con la posición de Mitre, pero también sostengo que en boca de Mitre esos conceptos lo convierten, por propia confesión, a tenor de la conducción que él le imprimiera al conflicto, por eso digo que "se perpetró con el correr del tiempo el martirio de un pueblo, adulterando el carácter de la lucha; la guerra al tirano se convirtió en la guerra a un pueblo dando al enemigo la mas noble bandera", según conceptos del periodista uruguayo Juan Carlos Gómez.

En *El Río de la Plata* voy definiendo posiciones sobre la guerra del Paraguay: "Arriba de todos los sofismas que pretendan disfrazar el carácter de la guerra, está el buen sentido de los pueblos, que podrán comprender jamás que la redención se lleve a balazos, como la Inquisición llevaba la fe a fuerza de hogueras. La intervención extranjera será siempre un atentado, ya se proclame a nombre de la fuerza bruta, ya se revista con el manto hipócrita de los redentores modernos como Napoleón III. Dios, la providencia, el destino, la filosofía de la revolución, la lógica de los hechos, son frases convencionales y elásticas, que se amoldan a todos los déspotas de la tierra, y presiden a la destrucción, a la muerte y al exterminio, y son la divisa de todas las iniquidades triunfantes". Yo estaba convencido de que la guerra había que hacérsela al Brasil, no al Paraguay, en salvaguarda de la Banda Oriental, pero no a costa de la sangre del pueblo paraguayo, fue por eso que en otra editorial me animé a sostener que "La fuerza de los pueblos reside en la justicia y así se explica que los granaderos de a caballo llevaran la enseña de la revolución más allá de los Andes, para presidir a la victoria definitiva de la causa americana y que las falanges del mismo suelo tuvieran que detenerse en 1811, delante de un pueblo dominado del amor salvaje y primitivo que adhiere al hombre a la tierra de su nacimiento". Defiendo la epopeya de San Martín, pero pongo entre paréntesis la empresa de Belgrano sobre el Paraguay, en 1811, que pretendía ampararse en la revolución contra los españoles, cuando en realidad no hacía otra cosa que representar la acción oligárquica de los bonaerenses.

"El General Mitre representa la guerra, la tiranía del estado de sitio, la preponderancia del poder personal, la muerte de las instituciones republicanas, la dictadura con formas constitucionales". Esa prosa combatiente del Rio de la Plata, especialmente dirigida a impugnar la acción política del caudillo porteño, fue una constante de mi acción periodística en el diario.

Me ocupé de "La Oligarquía" en mi editorial del 20 de noviembre de 1869, ya tenía treinta y cinco años. Ese concepto nuevo que había impactado tanto a Leandro N. Alem. Era evidente que Mitre estaba haciendo lo posible para que sus ex ministros fueran electos diputados o senadores nacionales. "Esos trabajos son esencialmente reaccionarios", lo digo en la nota. "Heridas las ambiciones de los oligarcas, levantaron la bandera de una oposición tan ardiente y tenaz, que recorrieron desde los pasquines en las paredes y aceras, hasta el incesante ridículo de la persona del primer magistrado". Me molestaba profundamente que se agraviara a nuestro Presidente, no debía importar que no compartiéramos sus ideas. "Incapaces de remontarse hasta los grandes principios de la democracia, husmearon posiciones eminentes, y la gran fragua electoral se hacía desde el ministerio del que aspiraba a la presidencia, después de haber derrocado a su rival en su mismo gabinete ¿Son esos elementos reaccionarios dignos de llevarse al seno del Congreso? Ese propósito de no consultar la verdadera opinión pública, es para conservar el predominio de la oligarquía, que ya vislumbra la futura presidencia, creyendo que el pueblo ha de consentir tales manejos" Y cómo que los consintió, iluso de mí que pensaba que la oligarquía no era capaz de realizar sus designios.

Recuerdan ustedes que había sido despojado, en Corrientes, de mi casa y de mi imprenta. Insólito, a los dos años del hecho fui demandado por el Gobierno por cobro de alquileres y desalojo de mi propia vivienda. Contesto con indignación, también con tristeza, ese libelo infame: éramos acreedores del Fisco, nos usurparon nuestras propiedades, pero fuimos demandados como si fuéramos los ladrones nosotros. Mi respuesta la publico en mi diario, no voy a los tribunales de Justicia, ¿Para qué: para tragar el cáliz de una nueva frustración? Que se queden con mi imprenta, "tiempo al tiempo, la época de la Justicia llegará alguna vez".

Me preocupan múltiples cuestiones que afectan el desarrollo del país. Siento a mi tierra como cuestión propia. Estamos incomunicados con Chile, la cordillera nos separa en forma terminal. El ferrocarril Trasandino es un proyecto que no avanza, defiendo su viabilidad en la prensa de Rosario. Nuestros dirigentes no se encuentran a la altura de las circunstancias y digo: "deseamos ver al frente de los destinos de la República hombres patriotas, liberales, progresistas, que imprimiendo a la marcha del país un derrotero nuevo, la aparten de la senda trillada por la gobiernos obcecados, vengativos, inertes para el bien, ocupados sólo de satisfacer ambiciones ilegítimas, y que lo mantienen como Prometeo, de la fábula, amarrado a la roca de sus viejas desgracias".

Se está programando en 1869 una nueva reforma de la Constitución de Buenos Aires. El Gobierno tiene la excelente idea de formar una suerte de coalición de directores de diarios, representativa de todos los medios de prensa, para llevar a las bancas de la Convención los hombres más preparados del país. *La Tribuna*, *La Verdad*, *La Nación Argentina*, *El Nacional* y *La República* representaban a unitarios y al federalismo de Alsina. Mi diario El Río de la Plata es una tercera fuerza. Mi objetivo es lograr que el federalismo tenga su máxima presencia posible en el cuerpo representativo. A mí no me interesa el protagonismo personal, por eso renuncio a una banca, pero mis gestiones posibilitan que hombres valiosos, del federalismo e independientes, volvieran a la arena de la acción política: Vicente Fidel López, Bernardo de Irigoyen, Luis Sáenz Peña, José María Gutiérrez, Vicente Quesada, Navarro Viola, Tomás Guido, los tres últimos finísimos y muy consecuentes amigos míos. Resigno entrar en la política grande de la provincia, retardo mi presentación en sociedad, en tal sentido, pero logro calificar con mi gestión de consejo selectivo, una tarea de tanta trascendencia, como lo es la de constituyente. He beneficiado fundamentalmente al alsinismo con mi intervención, me siento muy cerca ahora de ese alineamiento político. El alsinismo es autonomismo y federalismo y ello me llena de alegría.

Sin embargo debo decirles que detrás de la instalación de *El Río de Plata* se intentaba crear, en la política bonaerense, una nueva línea política, de carácter independiente, "un esfuerzo en favor del porvenir, una condenación de las luchas pasadas y de la solidaridad de los viejos partidos". Así lo sostuvimos en nuestro editorial del 27 de octubre del 69. Era del caso "terminar con la política de círculo que tantas veces se había calificado de funesta; ensanchar el horizonte, buscando los mejores hombres para que el pueblo asuma la dirección de sus destinos que ha abandonado; quemar los falsos ídolos en el altar de la regeneración política.

El nuevo partido está en marcha. Buscamos ampliar la participación electoral, reducida a una pequeña minoría. Comenzamos con definiciones programáticas en nuestro diario, luego hacemos postulaciones de candidatos, hombres notables por su calidad intelectual y cívica, pero aun no formalizamos una presentación partidaria. No lo haríamos nunca. Somos enemigos de los trabajos en las sombras, por eso la prensa, por eso la convocatoria a fundar el "Club de los Libres", como ámbito de debate de las nuevas ideas.
Carlos Pellegrini, José A. Terry, Evaristo S. Uriburu, Álvaro Barros, Enrique B. Moreno, Vicente G. Quesada, Carlos Casares, Mariano Billing-

hurst, Carlos Paz y el comandante Liborio Muslera, más vuestro amigo José Hernández, entre otros tantos, fueron los primeros conmilitones de ese combate pacífico que estábamos preparando a través de la nueva asociación. La reunión fundacional se realizó en el Salón de la Unión, de la calle Belgrano 164. "Gran Reunión Popular. Adelante. Adelante. Adelante. El Pueblo hará su voluntad. Triunfo de las Buenas Ideas". Eso decían los carteles distribuidos por toda la ciudad. Combatir la enrarecida política de círculo que cava abismos entre gobernantes y gobernados, era el lema principal de la convocatoria.

Comienza un tiempo de paz inédita en mi vida familiar. De paz y de gozo casi desconocidos en mi agitada y variante vida, acostumbrado a la incertidumbre, a no dormir en casa, a escapar del asecho de los enemigos políticos. Carolina ya no vive con el Jesús en la boca, veo diariamente a mis hijos, esto es ya bastante más normal para un hombre que pretende ingresar a la legión de los "civilizados", sin por ello abjurar de su condición de gaucho. *El Río de la Plata* se ha instalado bien en el mercado periodístico de la ciudad, mejoran mis ingresos, al fin puedo regarle unos vestidos de cierta elegancia a mi querida mujer, elijo unos muebles de estilo que nos dan algún confort, mi casa es modesta pero luce bien. En la tertulia familiar me ubico al centro de la ronda formada por Carolina, Rafael, mi hermano, y mis hijos, a veces la ronda se hace más amplia con Carlos Guido Spano o con Navarro Viola. Desde esa posición central me luzco relatando aventuras, historias, episodios vividos en tiempos pasados, mientras me ceban un mate, claro está. Soy discreto y jovial, dado a las bromas y a los juegos, Durante los carnavales me disfrazo y juego con agua, como un chico. Tengo ocurrencias que dejan a la gente perpleja, cierta vez me hago retratar de frente y de espaldas para formar con las dos fotos un medallón para el recuerdo de una primera novia, antes de conocer a Carolina. La chica, como miró primero mi trasero arrojó al suelo ambas, con gran enojo. Un día saqué dos boletos al subir a un tranvía, lo hago para ocupar dos asientos, mi tamaño lo justifica, entonces un amigo que me acompañaba me dice:

— ¿Usted siempre doble, no?
— ¿Y usted siempre tan simple? -le contesto.

A veces mi imaginación y memoria prodigiosas generan relatos hijos de mi fantasía, todos me escuchan arrobados, me encanta que me escuchen en silencio, dibujo la vida del fortín con fresco realismo, me mezclo en el malón bravío, hago alarde de habilidad y maña con el lazo y la sortija, recuerdo episodios dolorosos y terribles vividos en Pavón y Cepeda, en

San Gregorio y Ñaembé. Mis ojos se encuentran con los de mis pequeños hijos, me pregunto ¿me están entendiendo? Y cuando la hora está avanzada, luego de la cena, de las tortas y de los finos licores, el arrebato musical templa mis sentimientos, tomo la guitarra, la que me ha regalado Guido Spano, no siempre, sino en alguna oportunidad muy especial, y me pongo a cantar, en voz baja, unas vidalitas que nos enternecen a todos. Y si alguna copa de vino, que tiene que ser tinto, ha levantado la temperatura de mi estado de ánimo, me animo a alguno de esos versos picarescos y maliciosos que se contar, siempre con una sonrisa en mis labios. Terminada la velada salgo a caminar la calle, sólo, para calmar mi agitación, encontrarle sentido, en el meditabundo deambular nocturno, a esa vida tan especial que estoy tejiendo, a la cual le falta aun su episodio más detonante, que duda cabe.

Ese episodio que ya lo tengo entrevisto, ese llamado del alma que quiere, al fin, hacerme poeta.

Hacerme poeta en este país, el mío, tan absurdo que en él conviven, los dolores de la sangre que sigue derramándose en el Paraguay, maldita guerra, esa, con el notable y notorio progreso que nos viene de Europa, de la mano de Sarmiento, de Avellaneda, de Vélez Sarsfield. Buenos Aires se va convirtiendo en una ciudad donde se mezclan los viejos hábitos criollos y el modernismo que nos llega de Francia, Italia e Inglaterra. En ese marco ambiental gira mi trabajo periodístico, imbuido de críticas al gobierno, pero sosegado, equilibrado, repudiando siempre los excesos de la prensa dirigida por Mitre y por José C. Paz. Nunca he perdido el respeto que me merecerá siempre, ya lo he dicho, el Presidente de los argentinos.

Después de Urquiza

Mi relación con Urquiza había cambiado substancialmente, digo esto cuando debo relatar mi vida a partir de la llegada de 1870, año en que el caudillo fue asesinado. Yo lo había admirado sin reservas a don Justo José. Me fui detrás de él cuando, muerto mi padre, asolado por la rígida persecución que hacían los unitarios porteños, de nosotros, los federales, en 1858 decidí emigrar a Paraná. Me puse a su servicio entregando todo lo mejor de mí desde la trinchera periodística. Pero comencé a desconfiar de su lealtad ideológica cuando lo vi entregado, en razón de sus compromisos con la hermandad de los masones, a las directivas políticas dispuestas por Mitre. Adiós federalismo.

El 11 de abril de 1870 una partida del sublevado, contra Urquiza, López Jordán, termina con la vida del hacedor de nuestra Constitución Nacional. El ministro Vélez le avisó a Urquiza que se estaba preparando el atentado. El caudillo hizo oídos sordos. De la estancia de Ricardo López Jordán, en Arroyo Grande, se dice, pero nunca ello ha tenido confirmación, salieron los treinta conjurados, siguiendo al mayor correntino Robustiano Vera y al capitán José María Mosquera, a éstos se les sumó el cordobés Simón Luengo, que fue quien dirigió la operación. "Nosotros, por el conocimiento personal que tenemos del hombre, nos resistiremos siempre a creer en su participación, sin que por esto nos hallemos dispuestos a absolverlo de antemano", hice público éste pensamiento. Tremenda injusticia de la historia. Análogo episodio tuvo lugar el mismo día en Concordia. En éste caso los asesinados son dos hijos de Urquiza: Justo Carmelo, a quien le decían Justito, y Waldino. Al primero lo mata, luego de un sorteo, un tal Andrés Herrera, su cadáver lo tiran a un arroyo. Al segundo lo asesinan en la jefatura de policía ¿Era necesario, cuál fue la explicación de éste nivel de barbarie? Ninguna. El secretario de López Jordán, Francisco Fernández, enterado del hecho le contestó a Mariano Querencio, el matador de Waldino: "Ha hecho mala impresión la muerte de Justo y Waldino. Es pues necesario que coordines una salida justificada, para el caso de que se te pase una nota pidiéndote explicaciones"...

Me pronuncio abiertamente en contra del asesinato de Urquiza. Pero también estoy en contra de la intervención armada del gobierno nacional a Entre Ríos. Así lo manifiesto en *El Río de la Plata* el 21 de abril del 70. El hecho no iba a cambiar la historia de los argentinos, pero sí, nuevamente, el sentido de mi vida. Finalizada la guerra del Paraguay, como consecuencia de otro asesinato, en este caso del mariscal Solano López, Sarmiento encontraba tranquilizado el frente internacional de su gobierno. En cambio la muerte de Urquiza lo enardeció, se endureció en el frente interno, los opositores comenzamos a sentir un silencioso seguimiento. Me sentía vigilado por sujetos con aspecto de mafiosos que atisbaban todos mis movimientos, eran los esbirros del Gobierno. No soporto esa situación. Decido por propia iniciativa escribir el último editorial del *Río de la Plata* y, de ese modo, clausurar el diario. "No queremos asistir en la prensa al espectáculo de sangre que va a darse en la República. No hemos aprendido a cortejar en sus extravíos ni a los partidos ni a los gobiernos, y antes de hacernos una violencia a que no se somete la independencia y la rectitud de nuestro carácter, preferimos dejar de la mano la pluma que hemos consagrado exclusivamente al servicio de las legítimas conveniencias de la Patria. Dejamos de escribir el día que no podemos servirla". Más claro no pude ser en mi despedida. Corría el 28 de abril de 1870.

Tenía treinta y seis años y dentro de poco tiempo sería padre por cuarta vez, y sin trabajo, la incertidumbre, los temores y la vida de errabundo iba a dar comienzo nuevamente. Pobre Carolina, qué compañero se había ganado. Cuánta entereza tuvo siempre, nunca desfalleció a pesar de los duros momentos que tuvo que afrontar.

Estoy tremendamente confundido. En Buenos Aires no se a qué dedicarme. Hago una escapada esporádica a Rosario, a otear el panorama, pero no escribo en *La Capital*. De vuelta a mi casa sigo maquinando alternativas, en total silencio, Carolina nada pregunta, pero su preocupación resulta evidente. Al fin me decido, le escribo una carta a Ricardo López Jordán, me contradigo conmigo mismo, le digo: "Urquiza era el gobernador Tirano de Entre Ríos, pero era más que todo, el Jefe Traidor del Gran Partido Federal, y su muerte, mil veces merecida, es una justicia tremenda y ejemplar del partido otras tantas veces sacrificado y vendido por él. La reacción del partido debía, por lo tanto, iniciarse por un acto de moral política, como era el justo castigo del Jefe Traidor". Es decir que esa misiva personal, fechada el 7 de octubre de 1870, dice exactamente lo contrario de lo que yo publiqué en *El Río de la Plata*, nota ya recordada. La carta no está firmada pero es de mi puño y letra, es decir que no puedo negar su autenticidad. La carta prueba acabadamente el grado de tribulaciones por las que pasa mi estado de ánimo. Mis desequilibrios interiores, pues sí, me estoy confesando. Finalizo la misiva aconsejándole a López Jordán que se ponga al frente del federalismo nacional, que haga lo que no hizo Urquiza. "Cuente conmigo, estoy enteramente a sus órdenes y a una indicación suya estaré a su lado".

Estoy haciendo este inventario de mi vida, recordando mi pasado, mi dedicación a Urquiza, mi admiración por su obra, las cartas que yo le enviara al caudillo, allá por el año 1868, en febrero, mas precisamente, donde yo le hablaba de mi firme adhesión a su causa, y le aseguraba que "los Hernández no han sido traidores jamás". Se lo decía porque se había levantado el infundió sobre que yo había viajado a Buenos Aires a conferenciar con Rawson y con Alsina sobre candidaturas presidenciales. "Dediqué a mis asuntos de familia menos atención del que ellos reclamaban de mi, y me puse franca y resueltamente al servicio de los amigos en cuyas filas he formado siempre", eso le decía al General en esa carta. Otra donde le pedía consejo, escrita en agosto de ese año, porque no me encontraba con la claridad suficiente para dar solución a todas las cuestiones, para evitar cometer errores, y a la hora de la despedida llego a decirle que "se despide de V. E. muy obsecuente S.S.". Y más tarde, el 12 de octubre de esa año 68 le escribo a Urquiza y le digo "cualquiera que sean las emergencias futuras, siempre nos hallará a su lado, escuchando su voz para cumplir sus ordenes". Como es posible que luego le haya podido escribir una carta tan tremenda a López Jordán, casi celebrando el asesinato de mi admirado conductor político. Y no haber hecho público mi repudio del asesinato de sus hijos, de Justito, con quien yo tuve siempre una relación de fraterna amistad. "Por lo demás, pierda cuidado -le decía en una misiva personal- yo no me olvidaré de aquellos tiempos, ni he de dejar tan fácilmente que los enemigos nos echen por delante". Solamente mi alma atormentada a un nivel supremo pudo hacerme incurrir en definiciones tan tremendas, tan contradictorias, a mí el hombre de la paz, del combate de ideas, el contradictor de la violencia. Así fue germinando el Martín Fierro. A partir de estos hechos deberán ser interpretadas sus estrofas y sus versos. Quienes lean con cuidado el poema verán que no sólo hay historia de vida en sus conceptos, sino influencia de múltiples lecturas, muchos proverbios de Séneca han sido versificados, como para demostrar que el gaucho era un hombre cuyo saber innato no era ajeno al saber universal.

Carolina observaba mis movimientos sin decir palabra, brindándome siempre un nivel de comprensión y de cariño exquisito. Una tarde ella alcanza a verme cómo escondo dos pistolas entre mis ropas, yo lo se, no dice una palabra, le dejo unos pocos pesos, estoy partiendo, no le digo donde, tampoco me lo pregunta. Marcho presuroso hacia la costa. Mi cuarta hijita nacerá el 28 de mayo de ese año 70, su padre lejos va galopando acompañado por dos hombres, entre sauces y garabatos, nos separamos, ellos vuelven a Buenos Aires, yo me embarco en un balandro para unirme, más tarde, a un vapor de la carrera. Voy en busca de las fuerzas de mi amigo López Jordán, quien se dice ha mandado matar a Urquiza, el viejo león desmelenado de San José, pero yo no lo creo. Yo bien sabía que ese crimen no tenía justificativo, su sangre me manchaba en lo más profundo, pero López Jordán simbolizaba, encarnaba los ideales de toda mi vida, había que seguirlo. Un ejemplo de modestia cívica fue siempre ese amigo mío, pudo escalar posiciones en Pavón, contra Mitre, y en Basualdo, Toledo y Garay, contra Urquiza, pero nunca se aprovecho de tales circunstancias. Decidido a viajar, a ponerme a las ordenes de mi amigo, el nuevo caudillo entrerriano, lo hago a principios de diciembre de 1870, cuando la revolución jordanista lleva ya ocho meses de vida, dejando a su paso un mensaje lleno de ilusiones, pero patético en términos de dolor humano. Yo me iba a sumar a ese triste teatro de nuestra historia.

Desembarco en los alrededores de Gualeguaychú, junto a varios amigos federales, compañeros de lucha en Cepeda y Pavón, emigrados pertinaces de esa lucha que nunca termina. Vamos de a caballo por los campos entrerrianos, nos apeamos en algunas pulperías, escuchamos cómo todos lamentan la muerte de Urquiza, pero nadie habla de salir a buscar venganza. Entre Ríos no aplaude esa muerte, pero pareciera como que la justifica ¡Viva el general López Jordán! Es el grito que escucho en esa tierra que ya me tiene como si fuera un hijo. El 14 de abril de 1870, el nuevo caudillo recibe de la Legislatura la designación de gobernador interino. Ya contaba ese hombre férreo, tenaz e incansable, unos doce mil hombres dispuestos a volver a las andadas de la guerra civil. Yo estaba dispuesto a acompañarlo. Aventurero impenitente este Martín Fierro.

Llega nuestra partida a las inmediaciones de Durazno, a la entrada del pueblo nos informamos que las fuerzas de López Jordán están acantonadas en las cercanías. Un oficial nos da el "quien vive", me reconoce por mi corpulencia, hemos luchado en Cepeda y Pavón. Vamos junto al comandante Ezequiel Velázquez, a la búsqueda de quien de nuevo será mi jefe, ese hombre que siempre ha sido mi amigo. Galopamos por los campos de Teófilo Urquiza, en el distrito de Vergara, bordeamos una cuchilla y, a la distancia, alcanzo a ver la inconfundible figura de criollo y patriarca de don Ricardo López Jordán. Escucho como lo viva la gente. Ambos desmontamos de nuestros overos y en el encuentro quedamos estrechados en un fuerte abrazo. Allí me entero de que Sarmiento ha enviado a las fuerzas nacionales en nuestra búsqueda. Habrá combate. Comanda las fuerzas de línea el siempre listo general Emilio Mitre. A mi López Jordán me acaba de designar ayudante en la campaña que se inicia, me pide que no me aleje de su lado, cualquiera fuera la circunstancia, y así será no más, ya lo verán ustedes.

El 20 de mayo de ese año 70 toda la tropa jordanista se encuentra lista para el enfrentamiento inminente, al borde de una cuchilla entrerriana. Lo he acompañado al caudillo, siempre a su lado, sin abandonarlo un momento. Dormimos envueltos en nuestros ponchos, comimos el asadito criollo, todos hermanados por la misma consigna: ponerle coto al unicato porteño. El general Conesa comanda la avanzada de las fuerzas nacionales, López Jordán adopta disposiciones, chocan los dos ejércitos. De un lado está el cañón alemán rayado en media espiral de las fuerzas de Sarmiento, que hacen estragos en nuestras líneas de ataque, abastecidas por el coraje criollo, ponchos revoleados, melenas nazarenas, tacuaras con puntas filosas dispuestas al exterminio, valor supremo, coraje inaudito, en ambas fuerzas, por supuesto, hay que ser justos al hacer la historia. Al comienzo la caballería entrerriana ahuyenta al enemigo, pero la ausencia de armas modernas son suficiente argumento que explica nuestra derrota. Estoy embargado por la amargura, era presumible que ocurriera, pero una cosa es suponerlo y otra es sufrirlo. Me he comprometido a no dejarlo solo a López Jordán, es palabra de gaucho y la cumplo. Lo sigo paso a paso, nos envuelven las asechanzas de la muerte. "No lucho para ganar, pienso, sino por la justicia de la causa, pienso". Seis generales, ha necesitado Sarmiento para confirmar su victoria, ha tenido que apelar al repudiable procedimiento de las levas coercitivas, para formar su ejército. Al general López lo siguen espontáneamente una multitud de gauchos que saben que van a morir, no importa, es casi la historia de una muerte anunciada, la consuma Ignacio Rivas, ese general porteño que masacra a los gauchos entrerrianos en Santa Rosa: todo eso me resulta impresionante, me destruye aunque me encuentre a salvo.

Ocho meses de enfrentamientos, doce mil gauchos federales diezmados, Martín Fierro siempre al lado de su amigo, fiel a su palabra inquebrantable de gaucho. Se acerca el final, avanzamos con nuestras últimas fuerzas sobre Corrientes, casi en señal de retroceso. Nuestros hombres intentan hacerse fuertes a la vera de la laguna de Ñaembé, las armas de precisión del ejercito nacional van minando nuestra valentía, estamos cercados, yo siempre al lado de mi jefe, hay que tomar una decisión final, de pronto advierto que una avanzada del ejercito enemigo se ha desprendido y se nos viene encima. Al frente arremete un hombre de aspecto formidable, es "El bravo" José Gómez, me lo cuentan después, quien blandiendo su terrible lanza ya está por abalanzarse sobre mi general, ya está por acertar el golpe, soy enorme, tengo tremenda fortaleza, no se lo permitiré. Levanto mi brazo hercúleo que blande una pesada y larga lanza, mi atropellada es terrible, lo mando al verdadero diablo a "El bravo" Gómez, que vaya a lucir sus bravuras a otros lares. He vencido en una escaramuza personal, pero el ejército federal llora su derrota. López Jordán ordena el toque de retirada, somos unos pocos los que al atardecer quedamos junto a él, dispuestos a pasar la noche, junto al río Corrientes. A la mañana siguiente buscamos la frontera con el Uruguay. Marcho a su lado caviloso, reconcentrado, con el sello de la amargura reflejado en mi semblante.

López Jordán me dice -No debemos huir a la disparada, vayamos al galope regular, como lo hicieron Lavalle, en Quebracho Herrado, y Paz en el Tío, aunque nos vengan boleando. Primero está el honor militar. Estamos dando un rodeo para salvar Curuzú Cuatiá, que la tenemos enfrente. Paramos en una pulpería para tomarnos una caña, luego seguimos, al trotecito nomás, hasta llegar a Paso de los Libres. Enfrente tenemos el destierro. Cuando entramos a la ciudad uruguaya de Mercedes, siento un fuerte dolor en el corazón, vamos quedando muy pocos, la mayoría pide licenciamiento, somos unos cuantos cruzados decididos a buscar el exilio, rodeándolo a nuestro amigo y jefe, en testimonio irrenunciable de patria y de solidaridad. "¿Qué será de Carolina?", pienso. Luego me entero de que el 23 de mayo de ese año 70 ha nacido Margarita, mi cuarta descendiente. La serie de "chancletas" no se cortaría más.

Carolina en Buenos Aires, en la casa donde yo naciera, en la quinta de los Pueyrredón, junto a la Mama Totó, antes y después del parto, permanentemente, se pregunta ¿Qué será de mi Pepe, se habrá muerto?... Era el costo de esa absurda guerra civil en que me había metido. Absurda, pero montada en un pliego de principios no negociables.

Nuestro derrotero nos lleva al Brasil, no a Mercedes. Por razones de seguridad, lo dispone López Jordán. Ya somos extranjeros en tierra extraña, desterrados políticos, atrás quedaron nuestros muertos, esos gauchos que cayeron prisioneros en El Sauce, en Santa Rosa, en Ñaembé, fueron fusilados, por orden del Presidente Sarmiento, sin juicio previo, como escarmiento... Hemos arribado a Santa Ana do Livramento, tranquilo villorrio del Brasil, que está separado por una calle del pueblo uruguayo de Rivera, donde nos tratan con hospitalidad. Somos varios los exiliados argentinos que convivimos con el caudillo amigo, a quien rodeamos con todo nuestro afecto. Juan Pirán, joven porteño hijo de un general rosista, muy afable y galanteador ha conquistado una moza muy bella de Santa Ana, hija de don Pedro García... Así vamos sembrando integración social el grupo de emigrados argentinos.

Pirán nos introduce, a mí y al "lopezjordanista" Aramburu, al medio familiar local, así conozco a la familia García, donde me luzco con mi retórica y simpatía para narrar relatos. Se trata de simples placebos para mi conciencia, pues ella no deja de reprocharme haber dejado solos a mi mujer y a mis hijos. Les escribo cartas rebosantes de amor, recibo respuestas, pero aun no puedo decidir mi regreso, Sarmiento no ha de perdonarme mis atrevimientos. Mato mi tedio en largas partidas de truco, donde me engolosino con el canto de flor, en verso gauchesco, pintoresco, galano y zumbador. Pero un día el canto en verso del truco se trunca y trueca en estupor, nos llena de pavor la novedad: Buenos Aires ha sido invadida por la fiebre amarilla. El flagelo es un nuevo hecho determinante de preocupación. Toda mi familia se encuentra en zona de riesgo. Los muertos se cuentan por centenares, cada día, esas son las noticias que nos llegan.

Los apacibles días de ese pueblo del Brasil me incitaron a tomar pluma y papel, fue allí donde comencé a escribir ese hijo de mi alma que, dedicado a los gauchos, se llamaría Martín Fierro. Desde allí partieron los primeros manuscritos, con destino a Montevideo y a Paysandú, que hicieron posible el primer adelanto gráfico de la obra, ello puede ser corroborado en el Almanaque del Comercio, editado por la botica El Globo, de Montevideo, así como en el diario El Pueblo de Paysandú. Fue mi hermano quien, desde la redacción de esa hoja gráfica, hizo posible su publicación.

No pensaba dedicarme a ninguna actividad política, pero los jordanistas que residían en Paysandú, que habían organizado una Comisión de emigrados, en esa ciudad, me tenían preparada una sorpresa, un puesto de acción política en Entre Ríos, idea que no prosperó. Gobernaba la provincia Leónidas Echagüe, hombre muy desacreditado para el liberalismo federal. Fue entonces cuando la referida comisión emitió un manifiesto donde se dijo que, para evitar romper relaciones y contar con su apoyo, el gobernador debía acceder incorporar como ministro a un hombre que fuera confiable. Ese hombre es José Hernández, clamaron a coro la gente de Paysandú, hicieron de mí un retrato sobre mis indiscutibles aptitudes, según ellos, que me puso más enorme de lo que ya era. Pero Echagüe no se animó a hacer la designación, temía la resistencia del Gobierno Nacional, en razón de mi férrea oposición a su conducción.

A fines de 1871, a un año y siete meses de haberme ausentado de los míos, decido emprender mi regreso. No aguanto más mi condición de mero espectador a la distancia. Si corro riesgos, debo afrontarlos. Primero ingreso al Uruguay y me dirijo a Salto, luego arribo a Paysandú, la ciudad heroica y mártir, bien lo recuerdo. Aprovecho para tomar contacto con los apoyos políticos con que allí cuento: el informe es terminante, Echagüe es un "cagón" incapaz de jugarse por una buena causa. De todos modos produzco un documento político, donde agradezco de todo corazón la distinción que me ha hecho la comisión de emigrados. El documento es extenso, uno de los más extensos que haya yo escrito. Hago un pormenorizado relato sobre mis relaciones con el Gobierno Nacional, como no trepide en denunciarlo ante el

Congreso Nacional, por lo actuado en Corrientes, en tiempos de la intervención. Recordé que me enfrenté con Lucio V. Mansilla, cuando éste apoyó a Sarmiento como candidato a Presidente. Manifiesto que siempre estaré en contra de cualquier intervención federal a una provincia, así como coincido con Mitre, digo, en "que la peor de las votaciones vale más que una revolución", ahora vengo a sostener que "una mala revolución es preferible a una buena intervención". Concluyo diciendo que el país se divide en intervencionistas y autonomistas, yo estaré siempre junto a éstos últimos luchando contra los primeros.

Debo continuar mi viaje. Al fin llegamos, por vía fluvial, a Fray Bentos. Pero no desembarco, mi criterio me indica que actúe con suma prudencia. Me encontraba en cubierta cuando advierto que se me acerca un hombre, lo reconozco, se trata de un bien conocido mío, don Pantaleón García, hacendado de Federación. Los relatos que me hace el amigo García me hielan la sangre: la gente se muere a centenares todos los días, los esfuerzos de los médicos resultan vanos. Desde cubierta, a la distancia, avizoramos la alegre ciudad de Colonia ¿Bajo o no bajo? Gran dilema. García me propone seguir a Montevideo. Continúo cavilando durante largo tiempo. Al fin decido ir a mi camarote, tomar mis maletas y dirigirme a la costa, pero no me interno hacia la ciudad, allí mismo tomo un bote y me dirijo a un nuevo barco, es un balandro que boga en dirección a Belgrano. Buenos Aires ya se encuentra cerca de mis manos. El capitán de la embarcación es mi antiguo amigo Magnasco, cuánta felicidad me da saberlo. De inmediato mi amigo me asegura que un hombre de toda confianza, cuando arribemos a la costa argentina, le acercará un mensaje mío a Carolina. Me estremezco de felicidad ante esa posibilidad. La costa de Belgrano es vecina a la casa de Mama Totó. Estamos muy cerca.

Pero la situación política de Buenos Aires y mi situación personal aconsejan incrementar la prudencia. Debo esperar a que llegue la noche para intentar el desembarco. Ya la oscuridad se ha hecho casi absoluta. El hombre de confianza debe haber llegado con su mensaje. Esperamos señales desde la costa, según lo convenido. Cuando las vemos, solamente entonces desembarco. Estoy en tierra firme. Mariano, nuestro mensajero amigo me confirma que me están esperando. Mariano es un hombre de color. Segundos después dos caballos, al trotecito, se dirigen a la quinta de Perdriel. Vamos al acecho, en silencio. De pronto advertimos que por el camino se acerca, en sentido contrario al nuestro, un grupo de cabalgantes. Será una ronda policial, me pregunto. Si me encuentran seré irremediablemente detenido. Cuánta zozobra. Una exclamación "¡Óigale a ese maula!" es suficiente para que reconozca que se trata de gente amiga ¡Son mis gauchos! Ya nada debo temer. La casa de Mama Totó queda a pocas cuadras de donde nos encontramos.

Al fin puedo abrazar y besar a mi querida mujer, a todos mis hijos. Levantar en vilo a esa muñequita tan pequeña que es Margarita, la última hija, nacida durante mi ausencia ¿Se cortará la racha de "chancletas"? "Esto parece una manganeta de la suerte", digo. A partir de entonces a la pequeña le quedó el sobrenombre de "Manga". Solamente dispongo de dos días para estar con los míos. No puede correr riesgos. Ellos están sanos, por fortuna. Debo volver a mi destierro, se lo comunico a Rafael, mi hermano que ha venido a visitarme. Beso con ternura a "mi china querida", a cada uno de mis hijos, también a Mama Totó, monto a caballo y parto. No vuelvo la cabeza ni una sola vez, para no largarme a llorar como un marrano.

El retorno se hace, nuevamente, de la mano del imprescindible capitán Magnasco y de su disponible balandra, sin nombre ella. Mi destino debe ser el Uruguay, por ello me dirijo a Montevideo, pues no tiene sentido que vuelva a una ciudad del Brasil. El pueblo oriental me recibe con pleno cariño, me hago de muchos amigos, pero uno resultará particularmente importante en mi vida: se trata de Antonio D. Lussich. Ese gran poeta me recita sus versos gauchescos, me involucra en ese arte que hace tanto estoy incubando, quizás sin saberlo. Yo no he copiado a Lussich, como se ha dicho, pero sí he sido influido por él, como ocurre sin que resulte desmedro a la creación de lo nuevo.

Los viajes, de ida y vuelta, desde Montevideo a Buenos Aires, y viceversa, de la mano del imprescindible capitán Magnasco, en la misma balandra, y siempre con el negro Mariano como guía tutelar, se repiten varias veces. Solamente se cortan cuando mi familia tiene que ausentarse al interior de la provincia, a la estancia "Cañada Honda", que Magdalena, mi cuñada, tiene en Baradero. Es que la fiebre amarilla ya ha comenzado a rondar la quinta de Perdriel y no se debe jugar a suerte y verdad con el tiempo. Yo, mientras tanto, debo permanecer en Montevideo, hasta que aclare...

Se viene el Martín Fierro

Y aclaró, nomás. De ello me entero de boca del bondadoso amigo y capitán Magnasco, quien una vez más se hizo presente en mi vida, para brindarme auxilio. Fue él quien me anunció, para solaz de mi persona, que había arreglado con Sarmiento. Entonces, sin esperar más, me largué al agua, esta vez en el vapor de la carrera, también comandado por Magnasco, pero sin necesidad, ésta vez, del negrito Mariano. Ha comenzado el año 1872, ya tengo cumplidos treinta y siete años. Me alojo en el elegante, para esos tiempos, Hotel Argentino, ubicado en 25 de mayo y Rivadavia, en Buenos Aires. No puedo estar con mi familia pues ellos viven en Baradero, como ya quedó asentado en este relato. Ocupo una pieza con ventana a la plaza de Mayo. Más pareciera que me encuentro recluido, no salvo del hotel para nada ¿Le sigo temiendo a Sarmiento?

Al poco tiempo mi familia vuelve a la quinta de Perdriel, entonces los visito, como a escondidas, en una antigua volanta cerrada. Cada encuentro me llena de energías para seguir adelante. En el cuarto que he elegido para pasar mis días me dedico a la lectura. Mis amigos Navarro Viola, Guido Spano y Olegario Andrade, también mi cuñado González del Solar, no me olvidan, me visitan y dejan sobre el amplio escritorio que he acondicionado, una variedad de libros para dar satisfacción a un apetito intelectual que se ha despertado como nunca. Se ha encendido el llamado íntimo del verbo poético, la prosa periodística y el ensayismo generan el nuevo desafío ¿Será posible? Pero también tengo que trabajar para vivir y dar de comer a los míos. Como entiendo de campos y de haciendas sigo el consejo de Rafaelito, siempre a mi lado, y comienzo a brindar asesoramiento sobre transacciones de compra y venta de tierras ubicadas en esa pampa donde me he criado. Eso me lleva a salir furtivamente de la ciudad, acompañando a posibles compradores, me voy ganando alguna plata con eso.

En mis recorridas por esa tierra interior de la provincia, que la siento tan mía, revivo antiguas experiencias. Allá, por Dolores veo cómo se sigue arreando gauchos "de prepo" para llevarlos a la frontera, tironeados por milicos con aspecto de pordioseros y a instancias de un juez de Paz prepotente. Soy testigo de la resistencia de algún paisano valiente, que no quiere entregarse, que saca su facón y entra a dar mandobles; así es como queda el pobre, destruido frente a la superioridad de sus captores, a las patadas en el suelo lo someten y luego lo mandan al cepo. A mi regreso al hotel me entero que mi amigo López Jordán no se entrega, que prepara una nueva insurrección para invadir el país, que Sarmiento está que trina, que me tengo que cuidar más que nunca. Nunca termina ese Vía Crucis que me ha tocado como vida. Ni a mis hijos, ni a Carolina puedo ya darles alegría con mis visitas. Quedo encerrado en ese nicho que son los recuerdos, leyendo, dibujando el boceto de la historia gaucha, que es mi propia historia. Vuelven a mi memoria el arreo violento de aquellos tres gauchos, que presencié en Rosario, el aindiado, el mulato y el rubio de figura nazarena, los prisioneros que le tomaron a López Jordán, maneados hasta la frontera, siempre lo mismo, lo acabo de constatar en Dolores.

El boceto tiene ya firmes perfiles, está almacenado en mi memoria y en mi conciencia crítica... comienzo a escribir los primeros versos... "Aquí me pongo a cantar al compás de la vigüela..." ¡Qué feliz me hace esa liberación interior que empiezo a experimentar! Ya no es la lanza blandiente en mis fuertes brazos, sino la débil pluma que se desliza por ese frágil trozo de papel... ha cambiado el signo de la lucha... avizoro que será más trascendente...

No puedo seguir haciendo vida de hotel, porque el costo ha licuado mis ahorros, debo abandonar ese elegante recinto literario, por suerte puedo apelar a un módico domicilio, pared de por medio con el Convento de San Francisco, cuyo venerable padre guardián me dispensó un trato amistoso, y en determinado trance azaroso, logró ponerme a resguardo de la pertinaz policía sarmientina.

En mis recientes andanzas montevideanas, matando el tiempo, matizaba mis charlas con Antonio Lussich, revisando antiguos documentos de comienzos de siglo. La figura de Artigas siempre me apasionó, hombre valiente ese pionero del federalismo rioplatense. Es entonces cuando me entero que, allá por el 18 de enero del 1800, mientras el caudillo oriental recorría estancias por los pagos de Gui-Curú, atinó a detenerse en una pulpería. Como estaba Artigas cumpliendo funciones de autoridad, se encontró que allí había gentes de connotado peligro, que escaparon cuando vieron que él se acercaba; menos dos, un portugués, apellidado Silva, y un gaucho muy conocido en la zona, que se llamaba Martín Fierro. Ese nombre se me pegó fuertemente en esa zona del inconsciente a la cual nunca podemos escrutar. Se lo comenté a Lussich, fue como el despertar frente a un horizonte iluminado por un fulgor tornasolado, era el sol de mi nueva vida... Para reflejar con fidelidad la verdad histórica debo manifestar que el origen del nombre de esa sombra virtual que me ha acompañado durante gran parte de mi vida, tuvo su inspiración no solamente en el influjo de la anécdota relatada por Artigas, sino también en la vinculación que tuve con Martín Colman, estanciero vigoroso y rudo, entrañable amigo que tenía campos en Tapalqué, a quien yo nombré "Martín Fierro", influido por Artigas, seguramente, pero también porque el gaucho más gaucho que hemos tenido los argentinos se ha llamado Martín: a Güemes me estoy refiriendo. Lo notable del caso es que mi amigo Colman me devolvió la atención y me apodó, a modo de retruque, "Pepe Lata", lo de "lata" por ser yo un infatigable y entusiasta conversador. La anécdota cierra con el recuerdo de ese asado al cual nos invitó, a mi y a otros amigos, en su campo de Chascomús, don Martín Colman. Con el tiempo, comentando el hecho yo he dicho: "Yo dejé de ser para él lo que soy y él dejó para mi de ser el doctor Martín Colman y pasó a ser Martín Fierro, por obra y gracia de la alegría de las circunstancias... él era un franco y alegre Martín Fierro, corazón caballeresco, alma argentina". Todo esto lo he contado en mi *Río de La Plata*, en 1869, y luego fue repetido por José Roberto del Río, en *El Argentino*, el 10 de noviembre de 1947: tuve visiones premonitorias en ciertos sueños.

Continuemos con los recuerdos, porque ellos nos alegran la vida. Fue cierto que Enrique Sudblad fue juez de paz en Monsaldo, desde 1864 a 1867. En eso estaba el juez cuando el 16 de agosto del 66, el coronel Álvaro Barros, como ustedes saben un dilecto amigo mío, le remitió un individuo, gaucho el hombre, que se llamaba Martín Fierro, en carácter de castigado, con destino al batallón 11 de línea. Tal circunstancia le fue comunicada al ministro Avellaneda por el coronel Ventura Martínez, inspector general de milicias, adjuntándole la correspondiente nota del susodicho juez de Paz. En ese cambio de notas primero se habla de Martín y luego de Melitón, en ambos casos el apellido era Fierro, pero el asunto se complica porque, en un documento del 15 de marzo de 1867, se menciona a un Carmelino Fierro. Lo cierto es que en el tomo 848 del Archivo General de Personal del las Fuerzas Armadas, figura, en el expediente 257, la Lista de revistas del batallón 11 de línea, donde consta que "Melitón Fierro fue dado de alta con fecha 18 de agosto de 1866, destinado por el juez de Pila al batallón 11 de línea y dado de baja, por desertor, con fecha 25 de diciembre de 1866". Que existió un Fierro en los andares de la patria, no cabe duda, que él me haya inspirado, puede ser, nada nace sin causa. Si bien los claveles del aire no arraigan en la tierra, las creaciones literarias siempre tienen cierto arraigo en la vida cotidiana.

Yo le confidencié a mi hija Isabel que el Viejo Vizcacha me había sido inspirado por un personaje, de apellido Bramajo, hombre bichudo de aspecto, a quien conocí en mis andanzas por la estancia de Las Víboras, donde había llegado a ser mayordomo. También lo encontré en Dolores. Se me pegó a mis sentimientos ese viejo, de modo que cuando improvisaba mis versos salió de mi pluma fácilmente, casi sin proponérmelo. En realidad ese Vizcacha fue un personaje sanchesco, surgido del ambiente de la época. Espero que entiendan que como creación literaria me corresponde, como le correspondió a Cervantes el propio Sancho, hombre típico español, el escudero, pero no por ello menos hijo del escritor, por serlo.

Esos son los recuerdos que van alimentando mi imaginación creadora, que se despliega en la habitación del "Argentino", de donde apenas si salgo a dar la vuelta del perro...Los recuerdos ya no lo son, sino que los encuentro encarnados en mi propio modo de ser, los descubro como segunda naturaleza de mi propia vida. Un día recibo correspondencia de Montevideo, es un paquete que contiene el libro en verso "Los tres gauchos orientales", del amigo Lussich, cuánta gentileza. Lussich me ha dedicado su trabajo. Lo leo rápidamente, me quedo encantado, es un alimento que nutre mi acción, ya decidida, que ya está en despliegue, pero me digo: "No necesito escribir la historia de tres gauchos, el Martín Fierro se basta y sobra, pero será la historia del gaucho argentino." Le contesto rápidamente a Lussich, agradeciéndole el envío y encomiando su obra ¡cuánto la aprecio! En la carta le digo: "Describe usted con admirable propiedad al inculto habitante de nuestras campañas; pinta con viveza de colorido los sinsabores y sufrimientos del gaucho convertido en soldado, sus hechos heroicos, los estragos de la guerra fratricida, y la esterilidad de una paz que no salva los derechos de las diversas fracciones políticas". Pero no busco modelos, mucho menos lo son las obras de los clásicos Hidalgo y Ascasubi, tampoco lo es el Fausto de mi querido amigo Estanislao del Campo. En rigor, si ha habido influencia entre nosotros -entre Lussich y mi obra, a eso me estoy refiriendo- ha sido recíproca, porque mi amigo conoció de mi parte los cantos que yo luego publiqué en La Vuelta, segunda parte del Martín Fierro, ésos en que aparecía Picardía. Yo le mostré mis borradores, que tenía desde antaño, en nuestro encuentro montevideano.

Es que a "El gaucho Martín Fierro", así como a "La Vuelta", yo los había ido escribiendo a lo largo de mi vida, a partir de agosto de 1869, durante ese tiempo que me había quedado sin trabajo por haber cerrado *El Río de la Plata*, periodo que duró hasta abril del año 70. También le dediqué tiempo durante mi estada en Paysandú y, particularmente, en Ana do Livramento, ya lo dijimos, y en mi última estada en Montevideo, ya muy motivado por los encuentros con Lussich. Está de más decirles que el poema fue escrito en octosílabos y ordenado en sextinas. Lo fui escribiendo en seis cuadernos, que luego resultaron chicos, cuadernos que andarán por ahí, y que Isabel, hija mía de inteligencia y sensibilidad finísimas, a quien yo se los regalé, espero los haya conservado o que mi hijo Macuca haya tenido el cuidado de guardarlos, si hubieran caído en sus manos. En esos cuadernos yo fui anotando las sextinas hasta el canto XXV, después escribí el poema en cuartillas, original que no conservé.

Yo había venido a este mundo "a defender a mis gauchos". Cuantas veces lo habían escuchado mis amigos. Voy escribiendo versos como si cantara unas coplas, al son de mi guitarra, al ladito no más del fogón campero. El Dante y Cervantes sobrevuelan los cantos, me siento haciendo, como ellos, mi propia autobiografía. Se está terminando el año 72, año clave de mi vida, y encuentro que la arcilla que tenía preparada para moldear mi trabajo se ha ido acabando. El "Martín Fierro" está listo, lo llevo de inmediato a la imprenta "La Pampa" -¿a dónde lo iba a llevar?, ¿no es cierto?- que está ubicada en la calle Victoria. Lo componen rápidamente, pero como sobra papel del pliego, me dicen que les arrime algún material, como complemento, y es así como les envío a los imprenteros un largo artículo sobre el "Camino Trasandino", que ya había sido publicado en un diario en Rosario. El editor va a ser don José Zoilo Miguens, hacendado pudiente, propietario de esos campos donde se desarrollara aquella batalla de San Gregorio, donde yo hiciera mi bautismo con las armas. Es también un buen amigo mío. A él dedico la primera edición de "El Gaucho Martín Fierro" y le escribo un prólogo que esquemáticamente decía:

"Querido amigo: al fin me he decidido a que mi pobre Martín Fierro, que me ha ayudado algunos momentos a alejar el fastidio de la vida del hotel, salga a conocer el mundo, y allá va acogido al amparo de su nombre. No le niegue su protección, usted, que conoce bien todos los abusos y todas las desgracias de que es víctima esa clase desheredada de nuestro país. Es un pobre gaucho, con todas las imperfecciones de forma que el arte tiene todavía en ellos, y con toda la falta de enlace en sus ideas, en las que no existe siempre una sucesión lógica, descubriéndose frecuentemente entre ellas apenas una relación oculta y remota".

"Me he esforzado, sin presumir haberlo conseguido, en presentar un tipo que personificara el carácter de nuestros gauchos, concentrando el modo de ser, de sentir, de pensar y de expresarse que les es peculiar; dotándolo con todos los juegos de su imaginación llena de imágenes y de colorido, con todos los arranques de su altivez, inmoderados hasta el crimen, y con todos los impulsos y los arrebatos, hijos de una naturaleza que la educación no ha pulido y suavizado".

"Cuantos conozcan con propiedad el original, podrán juzgar si hay o no semejanza en la copia. Quizá la empresa habría sido para mi más fácil y de mejor éxito, si sólo me hubiera propuesto hacer reír a costa de su ignorancia, como se halla autorizado por el uso, en este genero de composiciones; pero mi objeto ha sido dibujar a grandes rasgos aunque fielmente, sus costumbres, sus trabajos, sus hábitos de vida, su índole, sus vicios y sus virtudes; ese conjunto que constituye el cuadro de su fisonomía moral, y los accidentes de su existencia llena de peligros, de inquietudes, de inseguridad, de aventuras y de agitaciones constantes".

"Y he deseado todo esto, empeñándome en imitar ese estilo abundante en metáforas, que el gaucho usa sin conocer y sin valorar, y su empleo constante de comparaciones tan extrañas como frecuentes; sin copiar sus reflexiones con el sello de la originalidad que las distingue y el tinte sombrío de que jamás carecen, revelándose en ellas esa especie de filosofía propia, que sin estudiar aprende en la misma naturaleza; en respetar la superstición y sus preocupaciones, nacidas y fomentadas por su misma ignorancia; en dibujar el orden de sus impresiones y de sus afectos, que él encubre y disimula estudiosamente; sus desencantos, producidos por su misma condición social, y esa indolencia que le es habitual, hasta llegar a constituir una de las condiciones de su espíritu; en retratar, en fin, lo más fielmente que me fuera posible, con todas sus especialidades propias, ese tipo original de nuestras pampas, tan poco conocidas por lo mismo que es difícil estudiarlo, tan erróneamente juzgado muchas veces, y que al paso que avanzan las conquistas de la civilización, va perdiéndose casi por completo".

"Sin duda que todo esto ha sido demasiado desear para tan pocas páginas, pero no se me puede hacer un cargo por el deseo, sino por no haberlo conseguido. Una palabra más, destinada a disculpar sus defectos. Páselos usted por alto, porque quizá no lo sean todos los que a primera vista puedan parecerlo, pues no pocos se encuentran allí como copia o imitación de los que son realmente".

"Por lo demás, espero, mi amigo, que usted lo juzgará con benignidad, siquiera sea porque Martín Fierro no va a la ciudad a referir a sus compañeros lo que ha visto y admirado en un 25 de Mayo u otra función semejante, referencias algunas de las cuales, como el Fausto y varias otras, son de mucho mérito ciertamente, sino que cuenta sus trabajos, sus desgracias, los azares de su vida de gaucho, y usted no desconoce que el asunto es más difícil de lo que muchos se imaginan".

"Y con lo dicho basta para preámbulo, pues ni Martín Fierro exige más, ni usted gusta mucho de ellos, ni son de la predilección del público, ni se avienen con el carácter de su verdadero amigo. Diciembre de 1872".

Ese fue el prólogo, nacido de mi corazón, contando qué quise hacer, para que la posteridad no me mal interprete. Lo pongo en esta historia porque se me ocurre que ese texto es poco conocido, espero que sirva para que los comentadores de mi obra tengan un punto de apoyo auténtico donde fundamentar sus argumentos.

El libro no sale enseguida. Buenos Aires está convulsionada con las noticias sobre las andanzas de López Jordán, quien amenaza invadir otra vez Entre Ríos. Cuando despunta el año 73, el 12 de enero de ese año, por fin, ya me estaba impacientando con el correr de los días, aparece ese pequeño libro. Había sido anunciado por el diario *La República* en su edición del 28 de noviembre del año anterior. Sendos avisos en *La Nación*, *La Tribuna* y *La Pampa*, en su edición del 12 de enero, dicen:

> MARTIN FIERRO / POESIAS GAUCHESCAS
> POR JOSE HERNÁNDEZ
> CONTIENE AL FINAL UNA INTERESANTISIMA MEMORIA
> SOBRE EL CAMINO TRASANDINO
> PRECIO 10 PESOS
> SE VENDE EN LA IMPRENTA DE LA PAMPA
> Y EN LAS MEJORES LIBRERIAS.

¡Cuánta curiosidad tengo para conocer la repercusión del hecho! Disímiles son los efectos: la prensa de la ciudad lo recibe con asombro. ¿Cómo a éste hombre se le ha ocurrido sostener que "son campanas de palo las razones de los pobres", que no resuenan por ningún lado, que hay que hacerlas repicar, para que se escuchen? ¿Cómo va a decir que "el gaucho es un perseguido, un despojado y un calumniado, que es un injustamente ignorado actor que ha hecho posible la independencia nacional"? ¿Cómo ignora el autor del libro -que soy yo- que "el gaucho es la expresión más acabada de la barbarie y del atraso", como lo ha señalado con toda precisión nada menos que el ilustrísimo Presidente Sarmiento?

Me indignan todas estas improvisadas valoraciones, pero debía esperarlas; cómo olvidarme que había sido Sarmiento quien le había escrito a Mitre diciéndole "No ahorre sangre de gauchos que es buena para abonar la tierra. La sangre es lo único que los gauchos tienen de seres humanos". Te perdono Sarmiento tan enorme "barbaridad" producida por tan ilustre pensamiento. Sé que es el producto de la pasión argentina, que las escuelas con que cubriste el amplio territorio de la patria, también para gauchos, son el testimonio palpable de que tu accionar fue muy distinto de tus dichos.

Sin embargo el libro no es un fracaso. Por el contrario, resulta un éxito completo. En el campo, en las pulperías, en los fogones, en cualquier rancho, los hombres de la campaña se lo devoran, a los dos meses se ha agotado la primera edición, hay que hacer otra de mayor tirada. También los hombres de la ilustración argentina elogian al "Martín Fierro", aunque con reservas: "está muy lindo, muy bien, muy justo, pero es solamente para ser leído en la cocina, por los peones". Yo había creado mis estrofas mientras cantaba, ellos anunciaban que el libro sería cantado en las cocinas. Las bibliotecas deben estar reservadas a "La cautiva", de Echeverría, al "Fausto", de Del Campo, a "Santos Vega", de Ascasubi, siguen diciendo los comentaristas, pero no incluirán esta payada criolla tan heterodoxa en su estilo. Genera sorpresa que yo pueda haber producido una obra de ese carácter, sin antecedentes como poeta a la vista, solamente algún modesto Cielito Ateruterao. Algún memorioso podía recordar que allá por el año 1859, el 20 de abril más precisamente, con la firma de Bartolomé Hidalgo, se publicó el referido cielito: "Cielito, cielo que sí, cielito, cielo que no; que El Gallo ya está asustao y del miedo cacareó..." que se podía deducir de mi autoría.

Todos esos decires los escucho con una sonrisa en los labios. Estoy radiante con el impacto que ha producido mi libro. "El Martín Fierro" es el producto de "mi pena extraordinaria", esa pena que acompaña mi vida. Pero ahora veo que ha llegado la hora de mi revancha. Nada me importa que se confronte mi obra con la de Ascasubi y con la del Campo, ellos "tienen fama bien obtenida, pero no la quieren sustentar, gastándose en la partida". Es a ellos a quienes me estoy refiriendo cuando escribo esas estrofas en mi poema. Ellos no son gauchos, como lo soy yo, sino señoritos de ciudad. Ascasubi transita una vida fastuosa, allí en París, enviado como embajador extraordinario por Mitre, para lograr gestionar soldados mercenarios, para la "defensa de nuestros fortines", búsqueda llevada a cabo no en beneficio de los gauchos, pensando en liberarlos, sino considerándoles inútiles para conseguir el objetivo que se buscaba: el exterminio de los indios. Del Campo no escribe literatura gauchesca, sino fantástica, eso de pretender que nuestros gauchos se sientan impactados por los personajes del Fausto. No le temo a la confrontación porque "soy toro en mi rodeo y torazo en rodeo ajeno".

No puedo dejar de recordar ciertas cartas que me llegaron de manos de hombres notables, sobre mi Martín Fierro. Empecemos por Miguel Cané, quien me escribió recién después de haber recibido "La Vuelta" y me dijo: "...quiero por lo menos en ésta desalineada carta decirle que he leído su libro, de un aliento, sin un momento de cansancio, deteniéndome sólo en algunas copias, iluminadas por un bello pensamiento, casi siempre negligentemente envuelto en incorrecta forma. Algo que me ha encantado en su estilo, Hernández, es la ausencia absoluta de pretensión por su parte. Hay cierta lealtad delicada en el espíritu del poeta que se impone una forma humilde y que no sale de ella jamás, por más que lo aguijoneen las galanuras del estilo. Usted ha hecho versos gauchescos, no como Ascasubi, para hacer reír al hombre culto del lenguaje del gaucho, sino para reflejar en el alma de éste, su índole, sus pasiones, sus sufrimientos y sus esperanzas, tanto más intensas y sagradas, cuanto más cerca están de la naturaleza... En su "Martín Fierro" se encuentra la misma tristísima poesía, la misma filosofía desolada que en los versos de Caika Mouni, cantados en los albores de la historia humana; o en las estrofas de Leopardi, elevándose en el dintel de nuestro siglo como un presagio funesto para los hombres del porvenir... Reúnase en una noche tra grupo de gauchos, alrededor de un fogón y léaseles, traducido por usted y en versos propios del alcance intelectual de esos hombres, el Otelo de Shakespeare. Tengo la profunda convicción que el espantoso estrago que los celos causan en el alma del Moro, despertará una emoción más grave en el corazón del gaucho, que en el del inglés que oye silencioso la soberbia tragedia, cómodamente arrellanado en su butaca de Queen´s Theatre".

Entonces comprendí que mi obra recorrería el mundo, que podría ser leída por el zaparrastroso y el hombre de club, por el latino y el sajón, por el occidental pampeano y por el oriental que se emboba con las Mil y una Noches. Me emocionó profundamente Cané. Sentí que el ignoto futuro se abría delante de mi hacia un horizonte de trascendencia, mi horizonte, el de la patria, luego de tantos dolores, los propios y los de nuestra Nación que no terminaba nunca de formarse. Las lágrimas se fueron escurriendo en mis mejillas cuando mis ojos recorrieron los últimos párrafos de esa carta tan sentida "Hace bien en cantar para esos desheredados, el goce intelectual no sólo es una necesidad positiva de la vida, para los espíritus cultivados, sino también para los hombres que están cerca del estado de naturaleza. Un gaucho debe gozar, al oír recitar las tristes aventuras del "Martín Fierro", con igual intensidad que usted o yo con el último canto del Giacour o con las "Noches" de Musset. Y esta secreta adoración que sentimos por esos altísimos poetas, el gaucho la sentirá por usted que lo ha comprendido, que lo ha amado, que lo ha hecho llorar ante los nobles arranques de su propia naturaleza, tan desconocida por él. No puede aspirar a una recompensa más dulce...". Esa noche me fui a dormir en paz conmigo mismo.

Tuvo significación para mí que Ricardo Palma, pensador exquisito e investigador infatigable, me escribiera para contarme que había recibido mi libro de manos de Juan María Gutiérrez -ese padre de la patria total que tuvimos los argentinos, aunque no lo sepamos- para que él lo leyera. No menos significación tuvo leer de su propia mano estos conceptos: "El delicadísimo Antonio de Trueba envidiaría a usted las páginas 49 y siguientes de la segunda parte. El contrapunto entre el payador negro y Martín es magnífico. Igual aplauso tributo al capítulo 32 en que Martín aconseja a sus hijos. Allí hay filosofía sin relumbrón y verdadero sentimiento poético. Son dos cuadros de pluma de maestro". Dulce canto para una vida tan atribulada como la mía, tan llena de desengaños. Fui juntando en mi corazón esos mensajes, que me hicieron madurar, que me colocaron en la vía constructiva de la acción política, sabiendo que el gaucho Martín ya había realizado con creces una historia de realización, tan añorada, tan buscada por mi con tanto denuedo.

Resulta claro que mi propósito es una reivindicación social del gaucho. Pero también pretendo que cambien su historia de cara al futuro. No sólo de reconocimientos vive el hombre, sino de nuevas situaciones. Al gaucho hay que educarlo y ello es posible. ¿Por qué no va serlo, si nada menos que Darwin, en sus notas de viaje por nuestra Patagonia, pudo observar como los gauchos habían aprendido a manejar las "manceras", es decir algo así como sesenta arados simultáneamente, en tiempos de Rosas? ¿Por qué ello no se podría reimplantar, y aun mejorar, en nuestro tiempo? El gaucho es hombre fiel a su patrón, a él entrega su vida, debe ser considerado un factor activo e imprescindible para la producción, no un objeto de explotación. ¿Me estaré adelantando a los tiempos, acaso?

Por eso es que propongo en el libro de Fierro que "debe suprimirse el contingente de las fronteras", porque si el gaucho es hombre bueno y leal, no ha nacido para esclavo. No puede ser equiparado al gringo, que también es bondadoso, honrado y trabajador, que ha sido gran factor para nuestro progreso, pero que viene de su patria europea a buscar fortuna, en las condiciones que le fijara el propietario de éstas tierras, tolerando la humillación, por supuesto, pero ese no era el caso del gaucho. En vez de levas "debe enviarse el ejército de línea al frente indígena, ejército que debe estar formado por todas las clases sociales". Cómo vamos a sacrificar en esa tormentosa tarea a hombres no preparados para ello, quienes no aprovecharán en nada de la conquista territorial posible, pues nadie hablaba que una reforma agraria, dirigida a repartir tierras entre campesinos, era el proyecto político de nuestros gobernantes. Yo en cambio inicio una cruzada predicando la conveniencia de que el Estado divida y entregue las tierras públicas, que deje de venderlas a favor de los monopolios ineficientes, que las distribuya gratuitamente entre aquellos que estén dispuestos a trabajarlas directamente. Eso es lo que propongo en una nota de *El Río de la Plata*. Estas propuestas entran en clara contraposición con la política sobre tierras públicas que fueron instrumentadas tanto por Rosas, como por Mitre, Avellaneda y Sarmiento.

"El Martín Fierro" se había convertido en un alegato político, no electoral, claro está. Era un alegato sobre los malestares del tiempo presente, una propuesta para ser aplicada en los tiempos venideros, pero también una añoranza de los tiempos de bonanza por la que pasaron nuestros gauchos durante el gobierno de Rosas. Éste había sido un gobernante bestial contra la oposición unitaria que vivía en la ciudad de Buenos Aires, obligada a exiliarse, pero un caudillo bueno con los gauchos de la pampa, que lo adoraban. "Todos tenían tropilla de un pelo", en aquella época, "se vivía feliz con su mujer y sus hijos en el rancho nativo". Hay que comprender en toda su dimensión la realidad. Eso pretendí hacer cuando escribí el "Martín Fierro". Cuando relato cómo fue arreado el gaucho Fierro de su rancho, estoy relatando mi propia historia, transposición de circunstancias de por medio, reviviendo las razones por las cuales debí abandonar Buenos Aires, durante 1858, para refugiarme en Paraná. "Y el juez de Paz dijo que yo servía a los de la exposición", es decir a la oposición, lo escribí en mi libro, lo sufrí en mi vida. Los unitarios mitristas, también Sarmiento, fueron los jueces de paz, los comandantes de campaña, que me fueron asechando, colocándome en la encerrona de tener que abandonar mi pago. Durante todo ese exilio, ya lo hemos visto, sufrí persecuciones, me empastelaron la imprenta, me clausuraron el diario, me usurparon mi casa, merodearon mi vida los secuaces del poder, pero yo no me dejé agarrar, como le pasó a Martín Fierro. El gobierno de Corrientes me debía salarios, los reclamé, como también mi imprenta y mi casa, "¿Qué querés recibir, si no has entrado en la lista", le responde la autoridad a Martín Fierro. A mí como respuesta me intimaron para presentarme en Corrientes, demandado por cobro de alquileres, ¡de una casa que era mía! Cuando Fierro regresa a su casa, luego de sus correrías, "y endereza a su cueva", ni rastros encuentra, de mujer, hijos, ni de hacienda, "la hacienda se la vendieron para pagar arrendamientos, alquiler que no debía". La misma historia mía, libreto de la obra escrita.

"¡Nací y me he criado en estancia, pero ya conozco el mundo... desharé la madeja, aunque me cueste la vida!" Ese es el relato, dicho brevemente de mi vida, la mía, la de José Hernández, hombre de campo, gaucho, combatiente, con la lanza, periodista, con la pluma, político en ciernes, pero sobre todo poeta. Todas mis notas periodísticas son el símil de los consejos del Martín Fierro a sus hijos, sentencias filosóficas que yo enviaba a los gobiernos, en aras de la felicidad de nuestro pueblo.

"Sólo el gaucho anda errante donde la suerte lo lleve", es el lamento de Fierro, que habla en nombre del gauchaje. "Debe el gaucho tener casa, escuela, iglesia y derechos", discurso literario que yo había acuñado antes, en mi prédica periodística, prédica pionera en eso de acuñar vocablos; fui el primero que habló de oligarquía, pero también el primero que rotuló a los "oprimidos", como esa clase social que en nuestro país se encontraba "proletarizada". Con el tiempo cuántos partidos políticos en nuestro país han utilizado los mismos conceptos en sus programas de acción cívica. Mi motivación al escribir el libro no fue solamente literaria, ni tampoco el de hacer una simple historia; fue eso, pero además fue instalar un alegato político en el inconsciente colectivo de nuestro pueblo, se lo decía a mi editor José Zoilo Miguens, en mi carta de remisión, ya lo hemos recordado. Sarmiento, en cambio, decía que él quería terminar con los gauchos, yo quería eternizarlos.

La publicación tuvo un éxito rotundo. En seis años se tiraron once ediciones con un total de cuarenta y ocho mil ejemplares. Seguramente debe haber habido ediciones clandestinas que no podemos contabilizar. Me llegué para no irme. "Más que yo y cuantos me oigan, más que las cosas que tratan, más que los que ellos relatan, mis cantos han de durar". Creo que no me equivoqué. Hubieron gentes, como ese mozo llamado Serapio Suárez, santiagueño, oriundo de Ojo de Agua y proveniente de Quebrachos, que se ganaron la vida recitando el Martín Fierro, en los ranchos y en las aldeas... Forma de entrar en el alma de nuestro pueblo.

La enorme repercusión cultural que tuvo mi Martín Fierro no fue suficiente para domeñar mi pasión política. El 1ro. de mayo de 1873,

López Jordán invade de nuevo Entre Ríos. Me entero de inmediato, lejos de parecerme una locura, casi diría que me alegro, no obstante que me han dicho que el caudillo tiene recelos sobre mi persona y sobre lo que estoy haciendo. Ha dicho "que desprecia los trabajos que hacen algunos explotadores como José Hernández", también ha afirmado que yo "no debo andar en cosa que sirva", lo dijo en octubre del 72, como lechuceando el libro que estaba viniendo. "Una sola palabra de verdad ha dicho Matraca de todo cuanto ha invocado, ni he pensado en llamarlo". Eso dice de mi el general, pero, somos unos contradictorios irredentos, el 16 de enero de 1873 ha escrito: "para el 24 lo espero a Matraca y enseguida haremos bailar a la gente". Yo no llegué a tiempo, el baile recién se realizó el 1ro. de mayo.

El enojo del Presidente Sarmiento con nosotros, los "lopezjordanistas", lo pone en estado de gran perturbación. *La Prensa* informa el 25 de mayo sobre un proyecto que Sarmiento remite al Congreso "poniéndole precio a la cabeza de los alzados". Por López Jordán se ofrecen cien mil pesos fuertes, por el doctor Querencio, diez mil, por los dirigentes menores, yo entre ellos, sólo mil. El proyecto es archivado sin tratamiento. La caballería jordanista no presenta batalla, se ofrece y se esconde para gastar a las fuerzas nacionales. Cuando el 24 de setiembre Sarmiento inaugura el monumento a Belgrano, pronuncia su recordada "Oración a la Bandera". Allí se ocupa de nosotros: "La peripecia de la horrible tragedia que concluyó en Caseros se está representando ahora en la otra margen del paterno Río. He aquí el pendón de la rebelión, que sólo pide al parecer empapar en sangre el cuerpo de la República. Lo había dejado olvidado el General Urquiza al tomar la Bandera Nacional por suya. Un asesino lo recogió del suelo y para simbolizar la barbarie y el crimen lo opone rebelado a la Bandera Nacional". Enterado de que mi cabeza tiene precio huyo a Montevideo, pero no me encuentro con López Jordán. El general me reclama, en carta dirigida a Carlos María Querencio, el 10 de junio, también pide que le mande trabajos de mi pluma que le tengo prometido, dice.

En las cercanías del Arroyo don Gonzalo, las fuerzas nacionales, al mando del ministro Gainza, encuentran en mala posición a López Jordán y prácticamente lo destruyen. Telón para otro episodio de la obra del terror que había instalado, con mi apoyo, el hombre fuerte, por ese tiempo, de Entre Ríos. Nos dividimos los jordanistas luego de la derrota. Un grupo de disidentes, encabezados por el doctor Querencio, comienzan a actuar en Montevideo. Yo no me alineo con los disidentes, me mantengo fiel a López Jordán, el 15 de febrero del 74 le escribo y le digo: "Yo me jacto de ser su amigo, he puesto mi cabeza a su servicio, no espío situaciones y soy siempre el mismo, sean ellas favorables o adversas". Al finalizar la misiva le sugiero firmar un manifiesto, más aun se lo envío ya redactado e impreso. El caudillo lo aprueba y lo firma, en marzo ya recorre las calles. Pero mis locuras políticas continúan. A pesar que López Jordán ha adherido a mi manifiesto, le reprocho que no me haya tenido en cuenta para colocarme al frente de la conducción política del movimiento, y que sí lo haya hecho con su suegro don Ramón Puig. También pretendo cobrar por el manifiesto, curiosamente no a él, sino al gobierno de Entre Ríos: solicito diez mil patacones por el recientemente enviado y diez mil más por el que había preparado el año 1870. Todas locuras de una juventud que ya resultaba tardía, la mía.

Locos estábamos todos, más bien loquísimos, diríamos. López Jordán insiste en volver a la lucha, aunque reconoce que no tenemos armamento moderno ni dinero suficiente para comprarlo. Entonces se me ocurre tomar una iniciativa por mi cuenta, estrafalaria por cierto, como que era solicitar el apoyo del imperio del Brasil para nuestra nueva aventura. Preparo un memorándum, que hago escribir a un calígrafo, allí formulo un plan segregativo, a cambio de dinero, armas y el apoyo del Brasil. El plan consistía en reconstruir la Confederación de trece provincias, eliminando a Buenos Aires. Pero si ello no fuera posible. Al menos que Entre Ríos, Corrientes y Santa Fe quedaran separadas a su suerte. También propongo que la capital del nuevo Estado sea Rosario, antiguo proyecto mío. Estoy tan convencido de mi idea que le envío una carta a López Jordán, donde le expreso "que el único camino que ofrece esperanzas y gloria es el de iniciar una gran cuestión", la carta está fechada el 30 de mayo de 1874.

Mi fogosidad convertida en delirio me habrá de llevar a Montevideo. No puedo vivir en Buenos Aires, se entiende. Todos me aconsejan que me vaya, Sarmiento acecha. Una noche, tres policías realizan una requisa en mi casa. Carolina y mis hijos están aterrados, me escapo por los fondos, huyo de una detención inminente, dispuesta por el hombre que ha pasado a la historia por ese apotegma que ha escrito en la cordillera de los Andes: "Las ideas no se matan". La logia "Confraternidad Argentina" une a sarmientistas, mitristas y alsinistas, todos coaligados para aplastar el levantamiento de López Jordán. Se que los sabuesos me están buscando, me escondo en casa de amigos, ando a salto de mata, allanan mi hogar, me buscan en la quinta de Perdriel, me escondo en un rancho protegido por un sirviente de mi madre postiza. Un día salgo en coche con mi primo Vicente Hernández, nos cruzamos con una partida policial, me reconocen, tengo que saltar del coche, a la carrera me oculto en un pequeño bosquecillo ¡Que vida la mía! ¡Cuándo terminará todo esto!

No hay más alternativa, debo cruzar de nuevo el Río de la Plata, lo hago oculto en un bote hasta alcanzar el vapor de la carrera. El capitán Magnasco está siempre listo para prestarme ayuda. Dejo nuevamente a mi familia, prácticamente a su suerte. Vuelven las rondas de buenos amigos a hacerme compañía y a darle sentido a mi vida, a compensar mi soledad. Allí encuentro que Héctor Soto dirige *La Patria*, a cuya redacción me incorporo de inmediato, también está Antonio Lussich, quien ya me anuncia su nuevo libro: "El matrero Luciano Santos". El hecho más detonante, sin embargo, ocurre cuando me entero de que el 10 de marzo de 1874, ese gran escritor chileno que es Benjamín Vicuña Mackenna, le ha escrito a Mitre una carta llena de zalamerías, en respuesta de la que le enviara nuestro ex-Presidente, con motivo del libro de Vicuña "Historia de Valparaíso". En esa carta, don Benjamín se ocupa de todo, pero lo que me importa, y mucho, es que él alienta a Mitre a presentarse como candidato a una nueva presidencia, estamos en 1874, y Sarmiento concluirá su mandato. La sola posibilidad de pensarlo me saca de mis casillas. No pienso mucho y decido inmiscuirme en el edulcorado diálogo entre trasandinos, yo estoy en el Uruguay. Triangular no viene mal, me digo para mis adentros. Siete son las cartas que publico en *La Patria*, donde ya soy su codirector, que se publican entre el 26 de abril y el 16 de mayo. Elijo la firma de "Un patagón", para darle misterio al episodio. Son todas una verdadera diatriba contra Mitre, lo trato de cándido a Vicuña, le explico que Mitre no le ha elogiado su libro, sino para "exhibirse ante el pueblo argentino como ligado a los hombres más respetables de Chile", para colocarse como único candidato capaz de resolver pacíficamente la grave cuestión de límites que mantenemos, argentinos y chilenos, en la Patagonia. Mitre, le digo, "es un pobre soldado del Parnaso, un poeta en los campos de batalla, a quien no puede atribuírsele un patriotismo que no siente, ni despojarlo de las ambiciones que lo impulsan". Agrego: "si la fatalidad de los argentinos lo elevara a la presidencia, él estaría entonces por la poesía épica. San Martín es su émulo. El Paso de los Andes, el delirio de su sueño. Anhela el título de Aníbal americano: "¡*Caveant chilenos!*" En otra carta sostengo: "Mitre no es literato aunque aspira a serlo. Es la farsa política y literaria llevada a último extremo, él hizo del Paraguay un cementerio cubierto de bosques seculares donde reina el silencio de las tumbas... es el último de los grandes malvados... Mitre ha sido un cometa de sangre, un flagelo devastador, un elemento de corrupción, de desquicio, dan testimonio de su existencia los huérfanos, las viudas y los inválidos". Lo concreto es que él mensaje que deseo hacer público en éstas cartas es mi contrariedad a la candidatura de Mitre, un nacionalista unitario dispuesto a desangrar al país, pero tampoco me cae el candidato de Sarmiento, que no es otro que Avellaneda, prefiero a Alsina. López Jordán se ha acercado últimamente al hombre de Buenos Aires, yo lo veo como el hombre del pueblo al que hay que prestar apoyo. Todo eso le expreso a don Vicuña Mackenna en mis cartas patagónicas, mientras el tozudo López Jordán sigue soñando con producir la asonada imposible.

Los acontecimientos políticos en el país levantan la temperatura. Sigo en Montevideo. Las elecciones para elegir diputados nacionales, que se realizan el 1ro. de febrero de 1874, están teñidas por el temor al fraude. El mitrismo vence por quinientos votos, pero la Comisión de Poderes de la Cámara le otorga el triunfo al alsinismo. Gran escándalo. Eugenio Cambaceres, Secretario del Club del Progreso, pide la nulidad de las elecciones. Con ese resultado pueden perder su banca los autonomistas Carlos Pellegrini, Kier y Bernardo de Irigoyen. Todos tienen conciencia del fraude, pero saben que esa enfermedad de nuestro país no es monopolio de un sólo partido. Se ha votado también para electores a Presidente y Vice de la Nación. El 6 de agosto del 74, la Asamblea Legislativa proclama la fórmula Avellaneda-Mariano Acosta, que ha triunfado con el apoyo del alsinismo. Yo festejo el resultado, cada vez más cerca de esa línea política.

Los argentinos no podemos ver consolidada la paz en la República. José C. Paz, el dueño y redactor de *La Prensa*, escribe un editorial que hará suceso, lo titula "El último recurso". Para sorpresa de muchos se pronuncia a favor del levantamiento armado, para impedir la asunción de Avellaneda. "El periodismo honrado y patriota no conoce más temperamento que trocar la pluma por la espada. El momento supremo ha llegado...hoy cerramos la sección editorial de *La Prensa* para ponernos al servicio del pueblo en el terreno de los hechos". La revolución está en marcha y Mitre se encolumna para encabezarla. Se olvidó que hacía poco, el 21 de agosto, había dicho, con gran énfasis, "que la peor de las votaciones legales valía más que la revolución". Ya se lucha en el frente de combate. El coronel Julio A. Roca comunica por telegrama, desde Río Cuarto, que "el general Ivanovski ha sido bárbaramente asesinado" por las fuerzas mitristas que comanda el general Arredondo. Mitre hace escuchar su voz, aun no pronunciada, desde El Tuyú, donde ha desembarcado pertrechos, dice que aceptó una candidatura que no deseaba "en honor de la libertad del sufragio que veía comprometido, aspirando únicamente al triunfo del voto popular", esa es la razón de ser y la bandera de la revolución, proclama.

Continúo en Montevideo donde he llevado a mi mujer y a mis hijos, para romper el aislamiento familiar. He alquilado una casa de altos frente a la Plaza Cagancha. Al día siguiente del estallido de la revolución que comanda Mitre, el 26 de septiembre, renuncio a la redacción de *La Patria* y comienzo una actividad conspirativa. A tal fin intento sumar a mis proyectos, un tanto espontáneos y poco acompañados, al Pueyrredón de Buenos Aires, el federal Álvaro Barros, hombre de mi amistad, a quien le escribo y le digo: "Yo he sido el primero en lanzar una propaganda ardiente y resuelta contra el General Bartolomé Mitre, en un momento en que el pueblo vivía, aún bajo una deplorable alucinación respecto a ese hombre funesto...que ha lanzado al país a una lucha terrible rodeado de todos los malos elementos que ha podido recoger a impulsos de su ciega ambición..." Le ofrezco mi colaboración para prestigiar y robustecer al actual gobierno, denuncio que Mitre en Montevideo ha establecido su cuartel general revolucionario, con la tolerancia del gobierno oriental, cargando armamentos, municiones, pertrechos de toda clase, enganchando soldados. Como si los argentinos no fuéramos una nación amiga del Uruguay. Es necesario poner una valla a todo eso, hacer conocer en este país, el Uruguay, lo que esa revolución quiere y significa, debemos crear simpatías en favor de la Argentina. Montevideo se ha convertido en una plaza fuerte mitrista. Espero que el doctor Alsina y el doctor del Valle -que han sido periodistas de combate- habrán de compenetrarse de esta necesidad y procederán cuanto antes. Detrás de "Don Bartolo" está el Brasil, le digo a Álvaro Barros. Finalizo mi mensaje diciéndole que "tengo una importante comisión que desempeñar cerca del doctor Avellaneda y del doctor Alsina". De ese modo termina mi mensaje. Sin esperar respuesta viajo a Buenos Aires, el 15 de octubre, para activar mi proyecto.

Actúo como sometido a un estado febril. El 23 ya estoy de regreso en Montevideo, me hago cargo de la redacción de *La Patria* y en la primera nota lanzo mi pujante dardo: "¡y nos emplearemos en hacer fuego contra la sombría personalidad de Bartolomé Mitre, que en el delirio de sus ambiciones pretende todavía imponerse por medio de la fuerza, y encadenar a su voluntad el porvenir de los pueblos argentinos!" ¡Cómo trabajamos! Desde el 23 de octubre al 8 de de noviembre publiqué veinte notas de los cuales diecisiete eran verdaderamente fóbicas, desde ya que dirigidas a la política de Mitre, no contra su persona, que siempre respeté. Es Mitre una especie de lotería fúnebre, digo, una bolilla negra que desde el día de su aparición ha venido amasando su fortuna política con las lágrimas y con la sangre de millares de víctimas. Después me ocupo de su idoneidad militar y literaria: "Militar mediocre, revolucionario torpe, literato ramplón, político inhábil; su porvenir es sombrío y su nombre será execrado y maldecido por las generaciones venideras". Seguramente me he equivocado en el diagnóstico, intuyo que el ex Presidente ha ganado un sitial en la historia argentina, a pesar de todos los errores que yo con tanta pasión me esforcé en denunciar.

Continúo con mi campaña panfletaria, denuncio que Mitre se ha convertido en pirata del Río de la Plata, pues ha ocupado, robado digo, una cañonera al gobierno argentino, la corbeta Paraná. Bajo los decibeles en las siguientes publicaciones y sostengo que, si la revolución en ciernes triunfa, no quedaría en el país ningún centro de poder que se opusiera eficazmente al entronizamiento de su despotismo personal. Digo que Mitre contaba con dominar a Buenos Aires con las tropas de línea de Rivas y Borges, y con tres mil napolitanos que trabajaban en las cloacas, que debían salir a las calles para concurrir a la desorganización de la República. Evidentemente mi intención fue caricaturizarlo a Mitre. Sigo con mi relato: éstas y otras artimañas planeaba el caudillo, digo, "pero el plan falló, el genio tutelar de la República ha querido salvarla...Rosas quedó atrás de su época y cayó. A Urquiza se le pasó también la suya. La época de Mitre pasó también y él, ciego como Rosas, ciego como Urquiza, no quiere que la luz de la verdad hiera su pupila, brillante siempre al calor de ambiciones hirvientes y siempre fija en la silla magistral y en el bastón del mando. Rosas, Urquiza y Mitre serían un anacronismo en 1874. Son tres sombras, cuyas épocas pertenecen a la historia". Me solazo en comparar a Mitre con Rosas, y a ambos con Urquiza, para enervarlo e irritarlo más al caudillo de Buenos Aires.

Más tarde, para continuar con mi sorna, sostengo que "Mitre tiene indios en la bandera del desorden que ha levantado en hora menguada". Lo digo porque cuenta con el cacique Catriel. Continuo con mi castigo periodístico: "Honrosa revolución, la de Mitre, hecha en nombre de los derechos de los pueblos, la que va a buscar sus aliados en los bodegones de los inmigrantes y en las tolderías de los indios..." Hoy a la distancia me pregunto ¿Qué de malo tenía ese reclutamiento, o es que yo me había convertido en un discriminador de razas? Concluyo mi campaña antimitrista diciendo: "Hacen muchos años que no se produce en el Río de la Plata un atentado revolucionario más culpable, ni más profundamente desquiciador, ni de más dilatadas consecuencias que el que ha sido llevado a cabo por la ambición funesta de Bartolomé Mitre".

Para mejor, durante mi corta ausencia de Montevideo, el diario *La Democracia*, propaga en Montevideo, el 18 de octubre, el infundio de que yo le habría ofrecido, al presidente del club mitrista, la incorporación de los contingentes de emigrados entrerrianos, para que se unieran a las fuerzas revolucionarios de Mitre. Obviamente que se trataba de una infamia urdida por algún enemigo mío ¿Quien podría ser: un jordanista ultra, que pasaba quien sabe qué boleta, o un mitrista en venganza por mi tremenda campaña contra su jefe? Lo que era muy cierto es que Mitre precisaba como el agua de esos refuerzos, y que había salido a conseguirlos, tenía dinero suficiente, pero no hombres. Para arrancar de cuajo todo ese tipo de manejos, decido publicar mi último artículo en *La Patria*, lo hago el 8 de noviembre, y regreso a Buenos Aires, esta vez en forma definitiva.

Mi arribo a Buenos Aires se produce sin que nadie lo sepa. Ninguno de los míos me está esperando. Desde el puerto me dispongo dirigirme a mi casa, valija en mano, me mezclo entre el gentío y escucho que desde un coche alguien me llama, es mi hermano Rafael. Cuánta casualidad, cuanta emoción me embarga. Pero esa es no es la única sorpresa que me depara el arribo, he subido al coche donde viaja mi hermano y cuando él carruaje ha llegado a la calle de Las Artes, mi hermano me indica que mire a un hombre que ha bajado de otro coche, se trata nada menos que de Sarmiento. Se enciende en mi un sentimiento poco racional de enojo, no espero que nuestro coche se detenga, desciendo y, prestamente, me dirijo al ex-Presidente, lo increpo, le digo cosas. Sarmiento me mira sin reconocerme quizás, lo tomo de las solapas, entonces un espacio de sensatez hace que lo deje, que respete a ese hombre ya viejo, que denota encontrarse enfermo. Me doy vuelta sin más, veo que Sarmiento continúa su camino, era la primera vez que me encontraba personalmente con ese hombre tremendo de la historia de nuestra patria. Más adelante, el hecho de que Sarmiento reingrese a la logia Obediencia a la Ley 13 y que el 12 de mayo de 1882 asuma la Gran Maestría de la República Argentina, nos coloca en situación de tratarnos con mayor frecuencia, datos estos sometidos a la reserva propia de la vida de los masones. Tanto la anécdota de las solapas, como el hecho nuevo ocurrido en la masonería, no podía dejar de incluirlos en éste relato, que pretende ser rico y también sometido a algún grado de misterio...

Hacía dos meses que había comenzado la revolución mitrista, pero no se había producido aun ningún enfrentamiento franco con las fuerzas del Gobierno Nacional. El teniente coronel Arias comanda ochocientos hombres de las fuerzas nacionales, Mitre se acerca con una fuerza de seis mil combatientes. Arias acampa en La Verde. Mitre le propone honores y olvido si se rinde. "Jamás", fue la respuesta de Arias. A la madrugada del 26 de noviembre de 1874, el coronel Borges, hombre de Mitre, repite la oferta, argumenta que la desproporción de fuerzas se opone al combate. No nos entendimos, informa Arias, tiempo después. Comienza el combate. A las diez de la mañana todo había concluido con un Mitre que abandona el campo de batalla, el saldo son cuatrocientos muertos. Triste desenlace, escribe Adolfo Alsina, tiempo después, cuando era ministro de Guerra de Avellaneda, "los rebeldes fueron a estrellarse contra las trincheras improvisadas en las zanjas de una estancia". Lo dijo Alsina en su Memoria, presentada como ministro de Guerra en 1875.

Como profeta muchas veces me he equivocado, pero otras he acertado. Vean ustedes lo que pasó. Mitre fue perseguido en su desbandada por el triunfador Arias. Luego de pasar por varios pueblos de la provincia, el joven coronel mayor Julio A. Roca, tras feliz maniobra lo derrota a Arredondo, el general de Mitre, es el final de ese drama inútil de la historia argentina. Un mes antes yo había escrito, "los sucesos humanos tienen una lógica inflexible, ella ha llevado a Bartolomé Mitre de candidato a rebelde, como ha de llevarlo de brigadier general a un Consejo de Guerra". En efecto, Mitre fue juzgado y condenado, por un Consejo de Guerra, a ocho años de destierro; cinco jueces pidieron la pena de muerte para el general. Luego el Presidente Avellaneda, teniendo en cuenta los antecedentes de los procesados, así como la prisión cumplida, es decir no mucho más de cinco días, dispuso la conmutación de la pena. Un verdadero regalo del Presidente de los argentinos.

La derrota del movimiento nacionalista orientado por Mitre, el triunfo de las fuerzas militares del Gobierno Nacional, el encuadramiento del país al orden institucional, me impactaron fuertemente. Fueron un llamado a mi responsabilidad, me hicieron bien para despertar y salir del piélago de violencia e irracionalidad en que me encontraba sumido. "El camino de los motines de cuartel, el de las revueltas sangrientas no es, por cierto, el que conduce, en 1874, a la elevación ni a la gloria". Eso dije públicamente. Por fin comenzaría la edad de la razón cívica en mi vida, venía el tiempo de la cosecha política, afortunadamente. La siembra literaria ya había comenzado a darme grandes frutos. También comienza mi fogueo oratorio: dicen que he estado brillante cuando hablé en la inhumación de los restos del coronel Estomba.

Necesito justificarme ante la opinión pública y escribo: "las revoluciones ocurridas hasta aquí han sido de carácter puramente local...". Por eso intervine, porque no se afectaba el orden nacional. "Han tenido por base el respeto a la autoridad nacional y la conservación de la organización general del país..." Intento de ese modo justificar todas mis intervenciones en motines y asonadas. "En cambio la revolución del 74 empieza por destruirlo todo, porque trae en su bandera escrito el derrocamiento de los poderes públicos y el desquicio de la Nación". Ahora empiezo a aceptar que el país como un todo puede ser gobernado desde Buenos Aires; a reconocer que mi autonomismo exacerbado, que yo llamo federal, puede ser reivindicado desde el autonomismo porteño, por eso acepto y me enrolo en el alsinismo. Un viento de realismo historicista, de cuño alberdiano, cubre mi pensamiento, las lecturas de Herder y de Vico iluminan mi futura acción política. Empiezo a diseñar "La vuelta del Martín Fierro", con la doble cara que muestra una mirada al pasado, manteniendo el hilo del relato, y otra mirada dirigida hacia el porvenir.

Empecé a comprender que los países tienen futuro si se impulsan las evoluciones, y se destruyen si viven de revolución en revolución. Por eso digo que comencé a entender el pensamiento de Alberdi, el historicismo de Alberdi. "El pasado no se reconstruirá ya. Los que tal pretensión abrigan, desconocen el progreso de las ideas y la noble cuanto suprema aspiración de las sociedades", digo y amplío: "el país se dirige hacia un perfeccionamiento y bienestar cuyos elementos constitutivos no se hallan ni entre los escombros de lo que existió ni en las tradiciones de la sangre." "El país marcha, se encamina a días más serenos de paz, de orden, de progreso y de libertad. Nadie ha de conseguir detenerlo. El espíritu de progreso, las fuerzas del comercio y la expansión de la vida social empujan al indio con sus aduares al fondo del desierto. La civilización ha puesto un límite a la barbarie". Concluyo mi alegato censurando a Mitre, nada le perdono al caudillo porteño y digo: "Así como se agotó el ciclo de Rosas y fue superado Urquiza por su tiempo, también el ambicioso Mitre, que sigue encadenando al pasado por sus recuerdos, por sus tradiciones, por su preponderancia de otra época, debe ingresar al museo histórico que ya se ha abierto para él". Quizás no advertía suficientemente que Mitre estaría, no sólo en la historia, sino, con el pasar del tiempo, en el sentimiento del pueblo de la ciudad de Buenos Aires.

A mi regreso a Buenos Aires me encuentro con un país distinto. Gobierna Avellaneda que no es, en manera alguna, lo mismo que Sarmiento, al menos en lo que a mi respecta. El nuevo Presidente cuenta con el apoyo de Adolfo Alsina, que es su ministro de Guerra, y yo soy alsinista, virtualmente. Mitre quiere federalizar toda la provincia para resolver la cuestión Capital, Alsina se opone. La cuestión los divide para siempre. Alsina me encantaba, era alto, recio, intrépido y desaliñado, bastante parecido a mi, se me ocurre. Nos diferenciábamos en que él era un jefe nato y ese no era mi caso, porque nunca tuve vocación de muchedumbre, salvo cuando escribí el Martin Fierro. En algo nos hermanábamos, ambos nos encontrábamos muy bien, tanto en el Club del Progreso, como en los piringundines del Barrio del Mondongo, en sus pulperías, con los hombres de acción, los compadres, los cuchilleros y los pesados del barrio, todos autonomistas netos. En mi caso con los gauchos.

Me encontré con la novedad de que mi hermano Rafael, compañero infaltable, acababa de incorporarse, como diputado alsinista, a la Cámara de Diputados de la Provincia, junto con Cané, con Vicente Fidel López, con Estrada, con Álvaro Barros, mi querido amigo de siempre, con Eduardo Wilde. Que fantástico nivel de acción política. Ya andábamos por la octava edición de mi libro campero, en tanto que la novena se realizaría en Rosario. En la octava le agregué a la edición una carta de lectores donde sostuve que el libro no tuvo otro propósito que "abogar por el alivio de los males que pesan sobre nuestros gauchos", por si no resultaba obvio. En esa carta publicada por el diario *La Política*, de Evaristo Carriego, amigo entrañable con quien estábamos enfrentados en materia política, allí sostuve que como la ganadería era el motor de nuestra riqueza, el gaucho era el agente indispensable de la industria rural, por eso merecía ser convertido en un verdadero ciudadano, y agregaba: "Hoy el vapor, el ferrocarril y el telégrafo han convertido al mundo en un vasto taller de producción y de consumo", por eso además de dedicarnos a la ganadería era importante que tuviéramos instituciones libres, un sistema rentístico organizado, disponer de crédito exterior, poseer universidades, es decir pertenecer a la falange de las naciones más adelantadas del mundo.

La sangre reivindicativa no deja de latir en mí. Decido publicar, doce años más tarde, la segunda edición de la "Vida del Chacho", esos rasgos biográficos de Ángel V. Peñaloza, escritos para confrontar con el Facundo de Sarmiento. Pero, a fuer de moderado, así como Sarmiento suprimiera de la segunda edición de aquel su libro, eso de "sombra terrible de Facundo voy a evocarte", yo no quiero ser menos y suprimo, del exordio, aquello de que "los salvajes unitarios están de fiesta". Nos íbamos moderando los argentinos. Lo que motivó la reedición fue un sensacional discurso que le escuché a Rawson en el Congreso, donde se recordaba con elogio al patriarca de La Rioja. Había que modificar la historia ficticia elaborada por la pasión intransigente de los partidos, que desfigura los hombres, falsea los hechos y desnaturaliza las cosas. En *La Tribuna*, de los Varela, se hacen unos comentarios de mi reedición que no me cierran. Por ello es que le pido a Manuel Bilbao que me facilite una columna de su diario *La Libertad*, donde publico una nota titulada "Señor Sarmiento ¿porqué mataron?". Entonces aprovecho para recordarle al sanjuanino, que a la viuda de Peñaloza le hicieron barrer engrillada la plaza de San Juan, que a mi me persiguió en Corrientes, que se vengaba de mi por haberlo combatido en su candidatura a Presidente, que me quiso poner preso, pero que tuve la satisfacción de de verlo bajar del gobierno sin que él tuviera la misma de meterme en la cárcel. "Usted Sarmiento -le digo- dice de mi que ocupo varios puestos públicos. Se equivoca, no ocupo ninguno. En cambio usted desde hace veintitrés años que pisó el Río de la Plata y no ha trabajado en nada, viviendo siempre a costa del Presupuesto. Usted es un presupuestívoro, es un hijo caro para la República". Sarmiento no me contesta, pero lo hace por él *La Tribuna*, donde se puede leer que yo no hago otra cosa que vengarme de Urquiza, de Mitre y de Sarmiento con crueldad refinada. Rechazo esa afirmación, lo "hago con la dignidad de patriota", digo, "del hombre de convicciones políticas y del verdadero republicano; no me he vengado de Urquiza, ni con crueldad ni sin ella, y olvidé pronto el mal que alguna vez me hizo; no me he vengado de Mitre, de quien jamás recibí agravio ni ofensa personal alguna, y a quien sólo he combatido por los sucesos públicos que bajo su dirección e influencia se han producido en las Repúblicas del Plata; no me he vengado de Sarmiento, no porque no tuviera de que, sino porqué en mi espíritu no tiene cabida el ruin sentimiento de la venganza". Mi réplica apareció en *La Libertad* el 26 de setiembre de 1875.

La confrontación periodística que le presenté a Sarmiento resultó tenaz de mi parte. Le digo desde las páginas de *La Libertad*: "Después de tanto hacer reír, usted, durante los seis años de su desgraciada presidencia, se ha querido vengar de su patria haciéndola llorar"... Entonces le pregunto "¿Qué odio no ha sentido en su alma? ¿Qué dicterio no ha brotado de su pluma? ¿A quién ha perdonado sus errores? ¿A quién ha aplaudido sus virtudes? Comparo a Sarmiento con Avellaneda y le reprocho, al sanjuanino: "Bajo tres presidencias he vivido sin garantías, pero bajo la de Sarmiento he sido perseguido seis años; desde que soy hombre el único gobierno bajo el cual vivo tranquilo, con mis opiniones buenas o malas es el de Avellaneda, he ahí porqué soy *partidario de la situación*, como usted dice", se lo digo a Sarmiento. Éste me responde, por mano ajena, en su diario *La Tribuna*: "Hernández es situacionista no tanto por las garantías que le da el gobierno, sino porque ve triunfantes sus ideas encarnadas en los hombres de Rosas y en los hombres de la Confederación, que constituyen la espuma de la actualidad, época en que se reniega de Caseros, de Pavón y del 11 de septiembre". No me callo y allí va mi réplica en nota que titulo "A La Tribuna o al Señor Sarmiento" y digo: "Yo los acompaño gustoso a condenar crímenes cometidos veinte años atrás a nombre de la Federación; pero acompáñenme ellos también a fulminar igual condena con los que se han cometido de veinte años adelante a nombre de la libertad". La guerra escrita no tiene cuartel, toma el hacha *La Tribuna* y me golpea: "Federalote ultra, entusiasta admirador y humilde eco de los actos del Chacho y servidor del virtuoso general don Ricardo López Jordán, que no por haber asesinado al general Urquiza, profesa principios incompatibles y de imposible aleación con los que forman el credo de la Redacción de *La Tribuna*. Esa es nuestra última palabra". La de *La Tribuna*, pero no la mía que es la que cierra y pone la tiza, digo: "Entre la conducta de un ciudadano, que se mezcla en una revolución sin mancharse en ella, y la del primer magistrado que dio ante la República y ante el mundo el escándalo de ofrecer cien mil patacones por la cabeza del jefe revolucionario, hay una diferencia fácil de medir". Telón a la puja, de hacha y tiza, entre *La Libertad* y *La Tribuna*.

No carezco de humor, soy hombre dicharachero y amigo de contar chistes. Pretendo llevar a la difusión pública ese ánimo jocoso y fundo una revista satírica, que llamo *Bicho colorado*. Cuesta tres pesos, su primero y único número apareció el 3 de febrero de 1876. La portada mostraba a una pudorosa señora mostrando un pie donde se alcanzaban a ver las huellas que habían dejado las picaduras de los "bichos colorados". El pie pertenece no a otra que a la señora República, y las picaduras que han dejado los bichitos representan la imagen de Mitre, de Sarmiento, cuando no, de Alsina, de Avellaneda, los demás son indios. No estaban los gauchos, pues su picadura no generaba ronchas.

He vuelto al hacha y tiza de mis polémicas públicas, pero también al seno de mi familia. A reencontrarme con mi amada Carolina, tan abandonada por mí a lo largo de los últimos tiempos, con mis hijos, con Isabel, que ya tiene once años, con Macuca que tiene nueve. Con todos mis hijos he tenido los mismos sentimientos, pero con Isabel "no he tenido reservas", eso le dije a mi yerno, José González del Solar, en una carta íntima del 15 de junio de 1886. Las menores Mercedes y Margarita ya se encontraban en trance de sus primeras letras. Ya estábamos esperando el quinto nacimiento. Los aires de pueblo eran tan fecundos y benéficos que se palpaban los resultados. Nació María Josefa, era el quinto hijo, el 20 de junio de 1876, día de la bandera. Para esto y continuando con las confidencias familiares, les cuento que mi hermano Rafael vivía en el barrio de Belgrano, en ese entonces en Tucumán y Lavalle, frente al mercado donde trabajaba como arrendatario. Busco casa en el barrio, nos gustan sus vecinos y el ambiente lugareño, y en lo que luego sería Juramento y Ciudad de la Paz, me instalo con Carolina y mis cinco hijos. No estaba lejos del centro, porque los trotadores del tranvía me depositan diariamente, yendo por la calle Real, que luego fuera Cabildo, en la misma Plaza de la Victoria. Otro tranvía, desde Juramento y Vidal, me puede llevar hasta la estación del Bajo. Cerca de nuestra casa está la tienda del francés Guerin, donde adquiero mis cigarros y cuadernos, y la tienda La Belgrano y el almacén El Toro, donde Carolina hace sus compras domésticas. Yo mismo soy gordo como un toro. Me gusta el jamón inglés, el queso Chester, somos de engullir fideos de Génova, garbanzos de Castilla. Cebamos mate con yerba paraguaya y también, de tanto en tanto, nos deleitamos con el rico queso tucumano que nos llegaba de Tafí.

¿De qué trabajo, a todo esto, para llevar esta vida de sibarita? Pues, mi hermano Rafael me ha impulsado nuevamente a la actividad de corretaje de campos y, por mi parte, he decidido volver a practicar las artes de la procuración. Para esto último me asocio con mi cuñado Carlos González del Solar, hacemos gestiones ante los tribunales, ante el gobierno nacional -con Avellaneda, ello estaba facilitado- también ante el provincial, éramos comisionistas en general. Teníamos dos escritorios: en Belgrano en la calle Juramento, ex Lavalle, número 43, y en el Centro, en la calle Parque, números 66 y 68. Me encanta integrarme a la vida lugareña, por eso acepto formar parte del Consejo Escolar del barrio de Belgrano. Trabajo junto a Benjamín Villafañe, a César Javier, a Emilio Bunge, a Pablo Sabadell. No puedo abandonar la política, me acerco, de la mano de Rafael, a Antonio Cambaceres, hombre de especial predicamento, dentro del autonomismo. Mi padre supo tener relación de trabajo con el padre de Antonio, le entregaba grandes partidas de hacienda para sus saladeros de la provincia. Cambaceres me vincula al Club Industrial Argentino, entidad que luego fue la Unión Industrial, de la cual fui su primer presidente.

Yo me sentía un patricio al cual no le hacía asco la plebe. Por eso acompañé espiritualmente a Alsina, cuando marcha rumbo a Carhué, para hacer escarmiento a quienes se han levantado a impulso del mitrismo. Por eso, no obstante sentirme liberal, no me horroriza la prédica de Cané, en la Legislatura, promoviendo impuestos a la importación para proteger nuestra industria nacional. Era una forma de protección al trabajo de mis muy queridos trabajadores, paisanos y gauchos, y si son extranjeros también me importa que tengan buen trabajo. Pero esos no eran los temas centrales de la política nacional. Mitre no podía con su genio. Volvió al ruedo el indultado reciente, volvieron los mitristas para continuar con la impugnación de la legitimidad de Avellaneda, siempre lo mismo, la guerra política: el mitrismo declaró la abstención electoral. López Jordán, resulta increíble, pero fue real, invadió por tercera vez el país, obligando al gobierno a decretar el estado de sitio en las provincias litorales. Pero esta vez no me sumé a la alienación jordanista. El "Mañana digo basta", fue. Hoy digo: "No va más".

No sabemos trabajar por la unión nacional, los argentinos. El alsinismo no tolera no tener interlocutor político con quien pelearse, entonces busca y logra la división interna. Mis amigos Dardo Rocha, Leandro Alem, Aristóbulo del Valle, deciden separarse de Alsina. Roca le escribe a su cuñado Juárez Celman y le dice que a él le parece bien la división, que es real y positiva. Antonio Cambaceres se mantiene fiel a Adolfo Alsina. Aunque tengo mis mejores amigos entre los divisionistas, me opongo. Soy secretario del comité electoral cambacerista, en las próximas elecciones provinciales seré candidato a legislador. Llega el día de las elecciones, el 25 de octubre del 76, tengo cuarenta y dos años, la parroquia de Balvanera se convierte en un polvorín. Allí prevalece Leandro Alem, los delvallistas dominan con sus armas, desde las azoteas, el atrio de la iglesia, donde se vota. Avanzan, también armados, los cambaceristas. Se oyen tiros, vivas y mueras. Una bala rasguña y tiñe de sangre la cara de Leandro, su renegrida barba se enrojece. Triunfan los hombres de Aristóbulo del Valle, nadie esperaba eso. Pierdo mi ingreso a la Legislatura. Yo había ido en una lista mixta, de partidarios de Cambaceres y de del Valle, no obstante estar alineado con el primero, como ganaron los delvallistas me quedé sin banca.

Estamos en las puertas del año 1877, vivimos en nuestra casa de Belgrano con mi cuñado Carlos González del Solar, hermano de Carolina. El 13 de enero nuestra familia vive una tragedia. Un tal Lisandro Billinghurst, apellido ilustre, pero hijo de la maldad, hiere de un balazo a Carlos, en la esquina de Cabildo y Juramento, resulta imposible evitar su muerte, que llega inevitablemente a los pocos días del atentado. El sufrimiento de Carolina es indecible, no quiere continuar viviendo en ese barrio, ello me lleva a que nos mudemos al centro, nuestro nuevo domicilio lo fijamos en la calle Arenales. Allí, el 24 de octubre de ese año, nace nuestra quinta hija mujer, sexta en la serie de los hijos, a quien le ponemos el curioso sobrenombre masculino de Bartolo ¿en homenaje a mi eterno adversario Mitre, castigo para la pequeña? A fines de ese año el nomadismo sigue gobernando mi vida, nos trasladamos a la vuelta, a la calle Talcahuano al 500, numeración antigua, es decir entre Santa Fe y Arenales.

Buenos Aires vive momentos sumamente tensos. Guerra de Clubes: en el Argentino, fundado por los mitristas, estos se reúnen el 8 de mayo del 77 para conjurarse contra el gobierno nacional y declarar la revolución, que estaba anunciada para el día siguiente. El general Rivas jura desempeñar fiel e irrevocablemente el cargo de jefe de la revolución nacionalista. En el Club del Progreso el alsinismo delibera y espera. Nadie lo suponía, menos la gente reunida en el Club Argentino. Quirino Costa trae un mensaje de Mitre: el general invita a los revolucionarios a una reunión urgente, en su casa, de la calle San Martín. Concurren con sus cabezas altaneras, decididas a no arrugar. Mitre los recibe, les convida habanos y empieza el discurso histórico, de ablande y apaciguamiento, de alto espíritu nacional, dirigido a la reconciliación. Avellaneda ha hablado conmigo y me ha demostrado sus buenas intenciones, dice. Justifica la gestión política de Alsina. Los revolucionarios están consternados. Pesa el discurso de Avellaneda: la abstención electoral nacionalista es un hecho anormal y peligroso para la vida pública, no pueden existir partidos políticos segregados sistemáticamente, habrá siempre una mayoría y una minoría, un partido que gobierne y otro de oposición, pero no fundaremos un régimen de instituciones libres, sino cuando las oposiciones dejen de ser sediciosas y los partidos dominantes abusivamente excluyentes. Réquiem a la revolución, se ha salvado la República. Mitre ha sido protagonista decisivo para impedir una nueva tragedia. Soy testigo de la reconciliación entre los argentinos. Los manifestantes de los partidos conciliados recorren unidos la ciudad, ocupan con sus vítores la Plaza de la Victoria. El 7 de octubre del 77 Alsina en persona le entrega a Mitre su despacho de general de la Nación, se arranca, dice, de esta forma del libro de nuestra historia una página negra para entregarla al fuego del amor sublime por la patria. Más que conciliación fue fraternidad.

Vivo en Belgrano, me dedico a transacciones inmobiliarias rurales y a realizar gestiones judiciales y administrativas, pero mi vocación literaria me lleva a convertirme en librero. El doctor Rafael Cartagenas, jurista catalán, profesor de Derecho Civil, antiguo propietario de la Librería del Colegio, en Alsina y Bolívar, me invita a asociarme e instalamos una librería, que se llamará Del Plata, ubicada en Tacuarí 17. Al poco tiempo quedaré como único propietario. Rafael Obligado vive en los altos. Esquina de Tacuarí y Alsina, allí, en los altos, Obligado prepara sus cuartillas sobre el Santos Vega, yo abajo voy dándole forma definitiva a la Vuelta del Martín Fierro. Tengo múltiples actividades, como pueden ustedes apreciar, pero no he podido abandonar el periodismo. Me invitan a colaborar en dos publicaciones dedicadas al humor satírico. Acepto, se trata del *Bicho Colorado*, donde critico a Juan María Gutiérrez no haber aceptado el diploma de miembro correspondiente de la Real Academia Española de Letras, que con ánimo destemplado rechaza el inefable Ñato. En el caso del *Martín Fierro* me desempeño como su director. Somos sus redactores "tres gauchos baqueanos", según reza el semanario, Ramón Machali, Agustín Elía y un servidor. No firmo ninguna colaboración por razones de prudencia, pero sí con el pseudónimo "El payador Pepe José", más claro imposible. Sin embargo sé que muchos han puesto en duda mi intervención en ambas publicaciones, a partir de la falta de calidad de los versos que allí se me atribuyen, queda la duda, pues si puse seudónimo no seré yo quien lo debe develar.

En cambio no puede caber ninguna duda sobre mis vinculaciones con el pintor uruguayo Manuel Blanes, con quien terminé anudando una estrecha amistad. Urquiza lo descubrió como pintor después de Caseros. Lo invitó al Palacio San José donde pintó ocho grandes cuadros: Pago Largo, India Muerta, Laguna Limpia, Vences, Caseros, figuran entre los más importantes. También decora Blanes el oratorio de la gran casa. Por el año 1870, a instancias de Andrés Lamas, pinta, mi amigo el "Asesinato de Florencio Varela". Llega el año 1871, con el terrible flagelo de la fiebre amarilla, tema de otro gran cuadro, donde con maestría escenificó el drama de la ciudad de Buenos Aires ante la peste. En el vano de la puerta de la habitación donde yace muerta una mujer, aparecen a contraluz las figuras del doctor José Roque Pérez -quien muriera atendiendo enfermos en su puesto de presidente de la Comisión de Auxilios- y la del doctor Manuel Argerich, que corriera igual suerte. El cuadro fue exhibido en el Teatro Colón. Eso lo lleva a la fama. La tela de Blanes se ha convertido en bronce. Manuel Blanes, hasta los tiempos de 1877 ha pintado para la Argentina, siendo uruguayo. Pero le debe un gran cuadro a su patria.

Decide evocar el "Juramento de Los treinta y tres orientales" en la Playa de la Agraciada. Demora un año en ubicar las treinta y tres figuras dentro del vasto bastidor que ha preparado para su obra. En 1878 Blanes ha concluido y dona su cuadro al gobierno uruguayo. ¡Oh sorpresa! El famoso pintor me escribe una carta, el 20 de agosto de ese año; es una invitación para que vaya a conocer el cuadro. Mi respuesta fue en verso y dijo asi:
"Amigo don Juan Manuel,
que se halle, me alegraré,
sano del copete al pie.
Y perdone si en su carta
algún disparate ensarta
este servidor de usté.
Una suya recibí
punteada con todo esmero,
y al verlo tan cariñero
dije para mi: a este Blanes
no hay oriental que le gane
como amigo verdadero."

Crucé el Río de la Plata, una vez más, esta vez sin temor alguno, libre del peligro de una detención intempestiva, para ver ese cuadro de Juan Manuel Blanes, que se convertiría en una pintura emblemática para los uruguayos.

Por eso viajé a la otra Banda, aunque Blanes me tratara en broma de atrevido, aunque dijera que hasta a la luna yo le ladraba.
Me convertí "en bicho taladro que no sabe estarse quieto,
porque en todas partes me meto".
Entonces -le dije a Blanes- me metí a mirar su cuadro. La entrada a la muestra pictórica costaba diez pesos. Yo estaba invitado, pero olvidé la invitación y tuve que pagar la entrada como cualquier paseante. Por supuesto, escribí a Blanes:
"los diez pesos los largué como el mejor"
-y añadí- *"¡yo no soy regatiador...!"*
Así fue que decidido entré a ver Los treinta y tres.
Qué sorpresa me llevé. *"¡Ah, cuadro que da calor!"*
"Me quedé medio azorado al ver esa comitiva"
que se encontraba en el cuadro. *"Lo miré de abajo a arriba."*
En mi azoro yo expresé: *"¡pero, que el diablo me lleve!,*
si parece que se mueven, *"los personajes"*, yo digo,
"lo mismo que cosa viva."

"Encima le han colocado, un sol que valdrá un tesoro."
"Lo habrán puesto, no lo ignoro, como en el naipe español";
"pues habrán dicho esos toros: ¡a todos alumbra el sol!"
Consideré propio valorar *"a esa gente tan dispuesta*
que su país va a libertar", y no se le puede mirar sin cobrarles afición."
Y concluyo, con la mejor intención: *"hasta quisiera el mirón -que soy yo-*
poderlos acompañar!"

Le comento a Blanes, uno por uno, los personajes que se encuentran en su cuadro (al menos los del primer plano, porque "no meto en esta coplada a todos, por no cansarlo"). Y sigo: "pero mi amigo, confieso: ya le saqué los diez pesos, al cuadro, ′e tanto mirarlo".
"Cuente usted -le digo a Blanes- si son nomás treinta y tres. Si en mi cálculo no yerro, al punto mi carta cierro. Amigo, me planto aquí".
Ni Cristo pasó de allí, ni tampoco Martín Fierro.
No transcribo todo ese poema, para no cansar aquí a los lectores. Pero merece una publicación y un estudio especial, ilustrado por supuesto, con el cuadro de Blanes.[1]

No escribí solamente ese poema además del Martín Fierro. Fui desgranando ilusiones, relatos, amores, en diversas versiones de mi acervo espiritual. "A Ana" fue un poema enviado a cierta amiga, remitiéndole un segundo Martín Fierro, sustituyendo al que ella le había regalado a José María de Hostos, poeta cubano renombrado. "Que todo el sexo ha cambiado, que el fin del mundo se acerca", digo estas cosas y otras más al estilo del gaucho Fierro. "El viejo y la niña" es una tierna evocación de "ese pobre viejo, lleno de arrugas y canas, y es la niña juguetona la lectora de esta fábula". "Los dos besos" son como una invitación a buscar "unos cándidos labios que me den vida y calor". En tanto que "El carpintero" fue un homenaje al trabajo de quien "Al compás de su herramienta, mientras trabaja afanoso, así sus desdichas cuenta". Y, por fin, "Esos cantares" cierra la intrépida fuga, evocando a "La viejita que, leyendo pasa el día entero y da vueltas las hojas, con dedos secos". Fueron perlas de mi vida esos tímidos versos. Quedaron en unas libretas, anotadas al paso, para que algún día, quizás, alguien quiera publicarlos.

Vamos por el año 1878, rondo los cuarenta y cuatro años, siguen siendo múltiples mis actividades, integro en Belgrano el jurado para la clasificación de patentes, también la comisión examinadora de Escuelas Públicas. Lo hago todo con responsabilidad. En esa variopinta gama de activi-

---

(1) NE: Versión comleta en pág. 133

dades me dedico a dar discursos, en la entrega de premios a los escolares de Belgrano, al inaugurarse la biblioteca de la Parroquia del Socorro, en el aniversario del Club Industrial. Me encargan organizar un acto en homenaje a Gervasio Méndez, poeta entrerriano, valiente en las jugadas civiles, que vive como abandonado de la mano de Dios, muy pobre. Para ese acto escribí una composición ("notable" la calificó *La Tribuna*) que no ha trascendido. Perdida estará, sin duda.

Ese año de 1878, a comienzos, recibo carta del noble italiano Conde del Vasco, con más exactitud don César Augusto Sandri del Vasco, quien llegado desde su península natal, se había radicado en Entre Ríos, juez de paz por 1872, combatiente en la batalla de Don Gonzalo, donde fue derrotado y detenido, acusado de arrojar proyectiles envenenados y explosivos. Luego fue juzgado y declarado inocente. Este personaje me escribe, lo dijimos, y pone a consideración de mis luces políticas un texto original titulado "La colonización de la República Argentina"; allí propone colonizar Misiones. Le respondo el 2 de febrero, hago una breve historia de la colonización en nuestro país, hago hincapié en que ese tipo de política será muy beneficiosa para nosotros, que no basta con las actuales colonias de Timbó, Toscas y Resistencia, porque ninguna es costera del Paraná. Falta una ley de límites, no se sabe donde empieza y donde termina el territorio nacional, cómo instalar colonias en territorios inciertos, hay que hacer funcionar la Oficina de Tierras creada por ley del año 76. La colonización, le digo al Conde amigo, y de ese modo termino, debe hacerse a partir del sistema de empresas mixtas, del Estado y con el aporte de capitales privados; voy de ese modo definiendo mis ideas políticas en la materia.

Los amigos jordanistas colectamos fondos en beneficio de los hijos del general López Jordán, que está preso. Me plegué a la colecta junto a Carlos Guido, a Carriego, a Nicasio Oroño, a Larroque. El caudillo estuvo tres años en prisión, defendido por abogados de talla como José María Moreno y Nicanor González del Solar. Se fugó en agosto de 1879 y se asiló en Montevideo. La amnistía de Juárez Celman le permite volver a Buenos Aires. Un tal Aurelio Casas lo asesinó de un balazo cuando caminaba por la calle Esmeralda al 500, corría el día 22 de junio de 1889, eran las doce horas, lo supe de pura premonición no más. Tuvo que terminar sus días en manos de un fanático, él también lo era, pero fue siempre un patriota.

Hace tres años que estoy laborando en la segunda parte del Martín Fierro. Sabemos que se llamará La Vuelta... La gente se impacienta, los diarios murmuran ¿Por qué no termina Hernández? Pensaba hacerla corta a la Vuelta, pero resultó más que el doble que la Ida. Por fin, en febrero de 1879 aparece la tan esperada edición, publicada por la Imprenta de Pablo E. Coni, de la calle Alsina al 60. Arreglamos con el editor imprimir veinte mil ejemplares, notable cantidad, pero el caso es que El Gaucho Martín Fierro acaba de reeditarse, a fines del 78, por onceava vez. El libro está ilustrado con diez láminas de un buen dibujante llamado Carlos Clérici. Le pongo un prólogo que titulo "Cuatro palabras de conversación". Digo que mi libro "está destinado a despertar la inteligencia y el amor a la lectura en una población casi primitiva, a servir de provechoso recreo de personas que jamás han leído". Yo hablo el lenguaje de los paisanos, recuerdo en ese prólogo, "qué singular es oír a nuestros paisanos más incultos expresar en dos versos claros y sencillos, máximas y pensamientos morales que las naciones más antiguas conservan como el tesoro inestimable de su sabiduría proverbial". Yo lo intuía aun cuando nunca había viajado a Francia, ni conocía a los románticos. No soy yo quien habla en mis versos, son mis gauchos, los copio a ellos, lo confieso sin vergüenza alguna. Yo soy el gaucho Martín Fierro, pero en la vida real soy distinto, porque estoy lleno de tinta, de política, de lecturas, hasta de pinturas me he ocupado, de taquigrafía, todo ello ajeno a ese gaucho. Ellos no podían escribir el poema, yo tenía que ser su intérprete. Ellos no podían decir: "Todo es cielo y horizonte, en inmenso campo verde", lo intuían. "La pampa es una inmensidad", lo intuían. Pero decirlo, jamás.

Ya está "La Vuelta del Martín Fierro" en la calle. Siento que, no como Sarmiento el frío del bronce, sino que el cálido reconocimiento de la posteridad me acompañará siempre. Pero no lo digo. "Atención pido al silencio". Pido que escuchen mis silencios, no solamente mis palabras. "Y silencio a la atención". No tanta charla, a la española. Pido que comparezca el ensimismamiento gaucho. "Que voy en esta ocasión si me ayuda la memoria..." ¡Y cómo me ayuda la memoria, a mí, don Pepe "El Matraca" Hernández!... "a mostrarles que a mi historia le faltaba lo mejor". Ya estábamos payando nuestra segunda parte, que como las de las chacareras, siempre son mejores. ¡Que se venga la segunda!

Más allá del libreto, de las nuevas aventuras de Martín Fierro con su amigo Cruz, del encuentro con sus hijos ("vamos a verlos correr, son cojos... hijos de rengo", afirma el gaucho) escuchémoslos cantar.

Más que eso, más que el canto de Picardía -hijo de Cruz-, que el canto de un negro -hijo de aquel otro a quien Martín Fierro matara en un baile-, más aun que el programa de gobierno sobre el gaucho que propone el poema, lo que importa en la obra, se ha dicho, es la calidad poética de la payada.

Dicen que fue genial lo que logré en ese género:

"Los cielos lloran y cantan
hasta en el mayor silencio,
lloran al caer el rocío,
cantan al silbar los vientos,
lloran cuando caen las aguas,
cantan cuando brama el trueno".

No menos grandes, se ha dicho, son los Consejos del Viejo Vizcacha, prototipo de hombre acomodaticio, lleno de mañas y habilidades, fiel reflejo de la idiosincracia argentina.

Llegan los tiempos de la política oficial. Luego, la despedida

Poco habría de durar en Buenos Aires esa política llamada de la "conciliación". No estaba en el espíritu de los argentinos un bien de larga duración de esa naturaleza. Al poco tiempo se planteó una dicotomía que llevaría nuevamente al enfrentamiento dentro del autonomismo: conciliación versus anti-conciliación, camino a la separación. Como esta línea estaba liderada por Dardo Rocha, yo me inscribí en esa posición. Comienzan a visitarme hombres prominentes de la política nacional: Roca, Tejedor, Pellegrini, Alem, del Valle me hacen frecuentes visitas a mi librería, me invitan a su club, esos hombres me colocan en la lista de candidatos por el autonomismo. Soy elegido diputado provincial, por la tercera sección electoral, el 30 de marzo de 1879. La puja fue entre los conciliados, los autonomistas y el Centro Popular. Me incorporé a la Cámara junto a nombres ilustres: Alem, Luis V. Varela, Lucio V. López, Estanislao S. Zeballos. Comienza una nueva forja política en mi vida. Estoy en contra de la conciliación y lo fundamento en la Cámara: "Yo estaba en contra de la conciliación cuando se inició y estoy en contra de la conciliación ahora. Lo estoy porque no creo que sea otra la política sobre la cual pueda fundarse el porvenir del país". Vuelvo a mis contradicciones, yo que siempre he tratado de unir y de consensuar posiciones, desde la tribuna de papel, al menos. Aclaro: "No puede atribuírseme afinidades con uno de los partidos políticos que la forman, el mitrismo, ni con el hombre que la encabeza, pues hace veinticinco años que vengo combatiendo su influencia en el Río de la Plata, sin faltar un sólo día a mi puesto de combate". En esta posición sí que me reivindico como coherente, no hago autocrítica.

En una de las primeras confrontaciones en la Cámara ya me enfrento con mi amigo Leandro N. Alem. Él presenta un proyecto de declaración impugnando éticamente al gobernador Tejedor, impugna su intervención en los actos electorales que se realizan, lo trata de inmoral. Me opongo a dicha iniciativa, por entender que la Cámara carece de atribuciones constitucionales para realizar ese tipo de declaraciones. En cambio sí considero que debo ocuparme de cuestiones concretas que interesan a la gente, sobre todo al hombre de campo. Propongo que los impuestos sean iguales para la ciudad y el campo; que se pueda ser concejal municipal y diputado, contra la opinión de Alem; que la jurisdicción civil de la Capital se extienda a Los Ranchos y Las Flores, para dar cobertura judicial a esas poblaciones; me opongo al trazado de líneas ferroviarias paralelas. Me opongo a las obras públicas estatales, pues suelen ser perjudiciales, caso de la instalación de ferrocarriles del Estado. Me oriento a una posición liberal privatista, a favor de la inversión de capitales privados en ese tipo de obras o emprendimientos. Cuando lo atacan a Urquiza lo defiendo, sobre todo por su labor constituyente en 1853. Recuerdo que ese año de 1880 me eligen Vicepresidente de la Cámara de Diputados.

Soy un autonomista ajeno a la conciliación, pero me mantengo en la línea de los puros, en contra de los llamados republicanos, es decir de Alem y de del Valle. Estoy con Cambaceres, con la línea tradicional. Cuando este último renuncia a su candidatura por lealtad a Alsina, yo sigo a Cambaceres. También por disciplina apoyo a Tejedor, sin ser tejedorista. Pero sobre todo soy "rochista de alma", y porque Dardo Rocha apoyara al joven Roca, durante la campaña que lo impulsaba como diputado, no puedo olvidarme que fundé, junto a Hipólito Yrigoyen y a Jacinto Varela, un club roquista. Yrigoyen fue otro de los ilustres compañeros con quienes compartí la diputación por esos tiempos del 79 y el 80.

Solicita el gobernador Tejedor a la Legislatura cincuenta millones para equipar a la policía, yo voto en contra de la iniciativa. Digo "Si yo creyera que van a conservar la paz, votaría, no digo cincuenta millones, sino cien, pero no vamos a contener la paz, vamos a la guerra civil". Lo sostuve en la sesión del 1 de mayo de 1880. Pero muchas otras veces apoyo las iniciativas del gobierno, sobre todo "en todo aquello que tienda a defender las libertades y derechos agredidos por el gobierno de la nación", lo expresé en la sesión del 2 de junio. Y el día 4 voto a favor de la creación de un segundo Batallón Provincial, aumentar el cuerpo de vigilantes y bomberos y organizar un cuerpo de Gendarmería. Voto a favor de la creación de un ministerio provincial de milicias, pero en contra de que se organicen cuatro batallones de voluntarios extranjeros, ambas cosas el 7 de junio. Bermejo me contesta: "La libertad no tiene patria ni ciudadanía". Voy tratando de demostrar que soy un diputado con independencia de criterio, dentro del autonomismo, por eso, en la reunión del 13 me animo a sostener que nosotros, los porteños, "tenemos el propósito inquebrantable de no consentir que vengan manos extrañas a destruir en la República lo que es obra exclusiva de Buenos Aires o debido a sus sacrificios". Los tejedoristas me aplauden, durante el carnaval de ese año me había disfrazado de tigre, mensaje de la tenacidad con que me desempeñaría durante mi gestión legislativa.

Hemos llegado al emblemático y problemático episodio de la historia en que se resuelve la cuestión Capital. Estamos en pleno año 1880. Tejedor impone su voluntad sobre el Presidente Avellaneda, incorpora al armamento provincial 5000 fusiles y 500.000 cartuchos, se humilla al Gobierno Nacional que se traslada a Belgrano. Hay enfrentamiento militar. Cruenta jornada la del 24 de junio del 80. Mueren dos mil hombres. Mi corazón llora, siempre testigo de la violencia, aun cuando en éste caso yo no intervenga. Como siento con dolor el derramamiento de sangre de argentinos, dejo de ir a la Legislatura durante quince días; me dedico, junto a mi amigo Guido Spano, a recoger cadáveres y a hospitalizar los heridos de esa revolución, donde también ha intervenido Mitre. En los altos del Teatro Colón he colaborado en instalar una oficina de auxilios organizada por la masonería.

El 1ro. de julio se ha convocado a la Asamblea Legislativa para considerar la renuncia de Tejedor. Voto, junto a cuarenta y siete diputados, la aceptación de la renuncia, solo diez votan por su rechazo. Ha llegado el momento de tratar la cuestión sobre dónde debe estar ubicada la Capital de la Federación. Alsina había sostenido, enardecido, que "la federalización es la justificación de las pretensiones bastardas que los enemigos de Buenos Aires nos trajeron en las puntas de sus bayonetas hasta las puertas de la Ciudad". San Nicolás, San Fernando, Córdoba, Fraile Muerto, Villa María, Rosario, con tres vetos presidenciales, y hasta la isla de Martín García, en opinión de Sarmiento, han sido propuestas para albergar a las autoridades nacionales. No puede Roca asumir la presidencia con el gobierno a la deriva, en Belgrano.

Me tocará destacado papel en ese trascendente acontecimiento. Hasta ahora sólo he hecho política, a nivel nacional, desde el llano, periodismo de por medio. Hay que tener partido para ello, yo estaba medio en banda, ubicado cerca del alsinismo ortodoxo, por cuestión de lealtad a su jefe, nada más. Son horas de definiciones, las circunstancias llaman, no podré eludirlas. El alsinimso está dividido y debilitado, un grupo importante de dirigentes promueve la reorganización partidaria. Nace el Partido Autonomista Nacional, que cuenta como promotores a Dardo Rocha, a Bernardo de Irigoyen, a Aristóbulo del Valle, a Luis Sáenz Peña, a Cambaceres, a Benjamín Victorica a Eduardo Wilde. Yo firmo el manifiesto inicial, junto a Diego y Torcuato de Alvear, a Miguel Navarro Viola, a Miguel Cané, a Hipólito Yrigoyen, a Lucio V. Mansilla, a mi hermano Rafael. Falta Leandro N. Alem, pues él se resiste a que Buenos Aires sea la Capital de la República. Dardo Rocha es líder del movimiento, yo su fiel seguidor.

Unos confusos episodios hacen que virtualmente se disuelva la Cámara de Diputados provincial, que integro. Todo comenzó con un proyecto de Rocha en el Senado de la Nación, de hacer cesar en sus funciones a la Legislatura de la Provincia. El proyecto queda convertido en ley. Avellaneda renuncia. Se le rechaza la renuncia, entonces el Presidente veta la ley, que no es otra cosa que una virtual intervención federal en la Legislatura. El Congreso insiste en su sanción, la provincia la resiste. Fuerzas federales del 11 de línea impiden el ingreso de legisladores provinciales a su recinto de trabajo. Mis compañeros se sintieron bayoneteados, si bien yo no asistí, no por ello dejé de perder, por la vía de los hechos, mi diputación. Todo es efímero en esta vida, también los recesos legislativos impuestos por vía de la fuerza. Hay nuevas elecciones y el 6 de octubre del 80 me incorporo nuevamente a mi banca de legislador.

La Legislatura de Buenos Aires debe tratar el proyecto de ley por el cual la Provincia le cede a la Nación el territorio de esa ciudad para convertirla en Capital Federal. El proyecto ya ha sido aprobado en el Senado provincial. Mi bloque me encarga la dura tarea de contestar las impugnaciones a la federalización. Enfrente tengo al temido Alem, ese hijo de mazorquero que yo tanto quiero. Pide la palabra el diputado Alem, se la otorga el Presidente:

Habla Alem con voz firme, cautelosa, va desarrollando argumentos con gran firmeza, cada vez con más elocuencia. "Cuando se quiere ir de prisa es preciso andar despacio", nos indica. Él quiere una larga discusión sobre el tema. No está el país en condiciones de resolver tan grave asunto. Ni legitimado el Congreso para impulsarlo, pues falta la representación de la provincia de Buenos Aires en su seno ¿Con qué títulos, con qué fundamentos invocaba el mismo Congreso la opinión de los pueblos de la República, repitiéndonos que era una exigencia nacional, la solución que proyectaba y al fin resolvió? La línea argumental de Alem rondaba por deslegitimar la iniciativa, desautorizarla. Hizo historia Alem. Recordó que el pueblo de Buenos Aires se puso en vilo, resistiendo la federalización de toda la provincia que había logrado Mitre que el Congreso sancionara, por ley de 1862. El pueblo resistió y ese fue el origen del partido autonomista, nos recordaba Alem. Hoy se resistirá también nuestro pueblo, enfatizaba Alem, mucho más encontrándose en estado de sitio todo el territorio provincial. El Congreso Nacional pretende que la Legislatura viole el texto explícito de la Constitución provincial, está gritando Alem, porque cuando se trata de una enmienda a su texto, como es éste caso, es necesario realizar un plebiscito para consultar la voluntad de su pueblo, ese requisito está omitido, incumplido, lo que se pretende es inconstitucional. Grandes vítores en la Sala, desde la barra, me hicieron vibrar, empezaba a prepararme para darle respuesta al gran tribuno. No tiene la Legislatura poderes constitucionales para ceder el territorio de la Ciudad de Buenos Aires, la historia lo reclamará siempre, eso sostiene Alem. El Gobierno Nacional quiere descabezar a la provincia, para convertirla simplemente en una provincia pastoril, sin destino de grandeza. No va a servir el proyecto de crear una nueva Capital para la provincia, centros como el que tenemos no se improvisan ni se levantan por encantamiento. No se logrará en todo un siglo. Si la crean será una especie de sucursal de Buenos Aires. Lo que ustedes pretenden con éste proyecto es instalar una Constitución unitaria, díganlo con franqueza. Era incansable Alem en sus alegatos. No es posible que este pueblo admita semejante injuria, que se reconozca inepto y se declare incapaz para vivir de sus propios impulsos y que necesite, al fin, ser empujado por la espada de la Nación. Tenemos que imitar a los Estados Unidos, que han instalado una Capital modesta, como allí se tiene. Alem se refería a Washington, obviamente. Se nos dice que Buenos Aires es la Capital tradicional, histórica de la república federalmente organizada, ello no es exacto, el Virreinato lo fue del sistema monárquico, no de la República. La monarquía fue un caos para nosotros, no podemos seguir ese ejemplo. Lo único que se logrará es instalar el brillo, el lujo, la ilustración, la luz en un sólo lugar y la pobreza, la ignorancia, la oscuridad en todas partes. La arenga de Alem fue larguísima, duró tres días, la hemos resumido en lo fundamental, fui yo quien le dio respuesta.

Alem había hablado el 12, 15 y 19 de noviembre, a mi me tocó contestarle el mismo 19, continuando el 22 y el 23. Allí se fue al rodeo este gaucho civilizado, de voz de trueno, esa "Matraca" parlante que era yo, no quiso empezar con agrandadas, con vanidades. Alem había sido altanero en su expresión y desafiante. Yo empecé con tono tranquilo, con prudencia casi con modestia. Pero mi palabra no era trepidante. Hago una verónica para ganarme la voluntad de la gente, y digo que sé que voy a hablar después que ha dejado la palabra uno de los paladines de nuestros parlamentos, uno de los oradores más distinguidos, un hombre que convence con su facilidad de palabra. Sería mejor votar en silencio, pero mi obligación es hablar y lo haré, confío en la benignidad de la Cámara. Alem me mira silencioso, expectante. Pero sigo con mis sobadas al viejo tribuno, como para intentar amaestrarlo, y digo "¡Cuánto pierde el partido autonomista con no tenerlo de su parte!" Alem permanece sordo e insensible. Entro en materia. "Es cierto que había opinión a favor de Tejedor, como que también hay ahora una gran corriente de opinión a favor de que la Capital sea Buenos Aires". Lo miro a Alem y le envío este mensaje: "el que no quiere observar atraviesa la selva sin encontrar leña". Es cierto que yo soy miembro del partido autonomista, pero eso no me produce rubor por el hecho de que vaya a dar mi voto por la capitalización de Buenos Aires, no por ello hago transgresión de mis opiniones políticas. En la misma línea del diputado Larsen yo no soy autonomista por defender la integridad de la provincia, sino para impedir que una pequeña elite disponga a su arbitrio de los intereses de la República. Yo he defendido públicamente la capitalización de una ciudad del interior como Rosario, pero eso fue en los tiempos en que reinaba el caudillismo, hoy eso ha desaparecido, por suerte, a partir de allí es que resulta indiscutible que "la capital en Buenos Aires es el único medio de consolidar de una manera estable, permanente y sólida la nacionalidad argentina, el único medio de asegurar la paz. No hay Nación posible sin Buenos Aires", digo. Pienso como Avellaneda que "Buenos Aires capital es una imposición de la historia". No es cierto que la tradición de nuestra pueblo sea hostil a que Buenos Aires sea la capital, lo voy demostrando punto por punto, lo voy refutando a Alem tema por tema. Advierto que la Cámara me escucha con suspenso. "Buenos Aires no es el fruto de una decisión del Congreso, es la lógica, los antecedentes, la geografía, las exigencias del progreso y de la civilización...nadie puede negarle el derecho a ser la capital de la Nación". Buenos Aires ha sido siempre la capital, después del Virreinato, salvo los cuatro años de anarquía, del 20 al 24 y los nueve años de la escisión, desde el 52 al 61. Entonces apelo a la ironía, ya estoy llegando a mi clímax, Alem escuchaba en silencio, y sigo: "estamos dando al mundo un espectáculo de primera clase, no ha habido en ningún tiempo, en todo el planeta, una sociedad ilustrada, fuerte y rica, con la conciencia de sus destinos, que se haya negado a ser capital de su nación, que haya mirado como un castigo tener en su seno los poderes públicos de su patria..." Creo que he conmovido al auditorio, que Alem no esperaba mi línea de argumentación. Ha llegado la hora del cierre, concluyo: "Una capital es el cerebro, es el corazón de la nación: tengamos cerebro y un corazón robusto y tendremos una nación poderosa". No había mucho más que agregar. Alem tuvo una corta intervención el 24 de noviembre, donde me devolvió atenciones. La votación estaba cantada de antemano, sólo cuatro diputados de cuarenta votaron en contra de convertir a Buenos Aires en la capital de los argentinos.

Luego de ese acontecimiento memorable, mis días continuarán por carriles convencionales. Hoy integro el Centro Parroquial del Socorro, junto a Enrique Victorica y a Luis Lagos García, de ese modo me toca inaugurar la biblioteca parroquial. Otro día hago política, para ir despuntando el vicio, invito a la ciudadanía a concurrir a un Gran Meeting del Partido Autonomista Nacional, que se realizará en el Teatro Variedades, allí hablan Francisco Madero, Aristóbulo del Valle y Enrique B. Moreno. En el Teatro Variedades, tres meses después, me toca ocupar la tribuna, nada menos que con Dardo Rocha, con del Valle, con Carlos Pellegrini. Me ocupo de la construcción del Canal de Panamá, que ha costado trescientos millones de francos, bajo la dirección de Ferdinando de Lesseps. Sostengo que esa obra nos puede perjudicar, nos puede aislar del comercio europeo. Voy notando que crece mi popularidad. Estamos en 1881, el 10 de noviembre cumplo cuarenta y siete años. Continúo con mi labor legislativa, "no soy amigo ni enemigo de Roca", lo he afirmado en un discurso parlamentario, quiero poner distancia de un hombre con quien me separan muchas cosas, sobre todo mi diferencia con él es que yo no soy un "zorro", un hombre astuto y calculador, yo soy frontal, decidido, franco, mi lema de vida es decisional no la especulación. No soy roquista, pero me siento incondicional de Rocha, que es un incondicional del Presidente, con Rocha es con quien me siento más a gusto.

Llega el año 82, Rocha ha llegado a la gobernación de Buenos Aires, de su mano yo al senado de la provincia, cargo que desempeño desde el 27 de marzo del año anterior. Un tema prioritario obsesiona al gobernador: la fundación de la Capital provincial, darle una sede al gobierno local luego de la capitalización de Buenos Aires. El 14 de marzo de ese año se presenta el proyecto, donde se propone que la nueva ciudad esté ubicada en las tierras altas de Ensenada, esas que son conocidas como las Lomas de Tolosa, cerca del puerto. En ciento diecinueve páginas el mensaje con el proyecto fundamenta suficientemente la ubicación que se ha elegido. Ha ingresado al senado el proyecto y yo integro la Comisión Especial encargada de estudiarlo, junto con Belisario Huergo, con Agustín Vidal, con Nicolás Achával y con Matías Cardoso. Seré el miembro informante en el recinto, me tocó el gran honor de ser quien haya bautizado a la nueva Capital, nada decía el proyecto sobre su nombre, entonces propuse que se llamara La Plata, porque desde los tiempos de la colonia la provincia fue Gobernación, primero, y luego Virreinato del Río de la Plata, para convertirse en Provincias Unidas del Río de la Plata lo que luego sería el germen de nuestra federación. Siempre el Plata como patronímica designación. Esas son las razones históricas, pero tengo razones personales, mi diario ha sido *El Río de la Plata*, sus aguas han sido trasegadas tantas veces por mi, alegrías y dolores han acompañado ese tránsito. "Habiendo la provincia hecho el inmenso sacrificio de su capital tradicional para cimentar el orden constitucional de la República, es justo, es lógico y es patriótico que designe a la ciudad cabeza de su territorio, también, con el nombre de La Plata". Así fundé mi propuesta, que fue aceptada en la sesión del 20 de marzo.

Sigo instalado en Talcahuano 572, a la vuelta de donde vive Hilario Ascasubi. Allí ha nacido el 7 de abril del 79 mi sexta hija, no se terminarán más las mujercitas de mi vida, a quien llamo Carolina, como homenaje a mi esforzada mujer. Mis hijos mayores ya son grandes, Isabel ha cumplido dieciocho y a Macuca le falta poco para los dieciséis. Cada vez estoy más gordo. Me traslado con dificultad por ese empedrado de la ciudad tan irregular, a veces tengo tropezones. Recuerdo la cómica circunstancia, que pudo convertirse en grave daño para mi persona, cuando me llevo directamente por delante un carro que circula por la calzada, por poco se da vuelta el carro del asunto, no me hace demasiado daño, pero se entera todo el mundo. Hasta el ministro de Guerra, quien sabe si pensando que el hecho podría ser el inicio de alguna hostilidad, me ha dirigido unas líneas donde me dice: "Será necesario que en adelante usted use campanilla para atravesar una calle a efectos de anunciar que va a obstruir la vía pública un momento, y de noche campanilla y farol". Todo Buenos Aires comentó el cómico hecho, no sólo era una matraca al hablar, sino también un carromato al transitar.

Mientras tanto continúan los éxitos editoriales, voy por la quinta edición de La Vuelta y por la duodécima del Gaucho, con cincuenta y ocho mil ejemplares tirados para esta última. Me escribe desde el Janeiro mi amigo Augusto Lasserre, me cuenta que se ha encontrado con el emperador del Brasil, en la corbeta norteamericana Brooklin, que tan distinguido personaje se ha interesado por mis publicaciones, me pide que le envíe un ejemplar para el Señor, que esté encuadernado lujosamente de terciopelo granate, dorado el canto y con las armas imperiales grabadas. No se si podré dar cumplimiento a tanto esmero, que tiene un mensaje antirrepublicano que no me cierra. Me escriben otros amigos. José Tomás Guido me dice que el Martín Fierro es un hijo legítimo mío y que mi empeño será saludado por mi sensibilidad y patriotismo; "Cuando usted describe, me dice, algunas escenas, esas que no tienen nunca más testigos que las estrellas, ni más coro que las aves salvajes, se sentirá uno tentado a las correrías agrestes, para sorprender acaso en el fondo del llano el misterio del destino de una parte no menos olvidada que noble de la humanidad." Miguel Cané es aun más significativo: "Qué vida habrá llevado usted -me dice- para escribir esas cosas tan lindas y tan verdaderas, que no se trazan al resplandor de la pura y abstracta especulación, pero que se aprenden dejando en el camino de la vida algo de sí mismo: los débiles, la lana, como el carnero, los fuertes, sus entrañas, como el pelícano." Me entusiasmo con tantas zalamerías, decido enviarle un ejemplar a mi eterno adversario, Mitre. En la dedicatoria le digo que hace veinticinco años que formo en las filas de sus adversarios políticos. Pocos se atreverían como yo a saltar sobre ese recuerdo para pedirle al ilustrado escritor que conceda un pequeño espacio en su biblioteca a este modesto libro. Don Bartolo me responde con gran altura: "Ese libro faltaba a mi biblioteca americana, y el autógrafo del autor le da doble mérito. Agradezco las palabras benévolas de que viene acompañado, prescindiendo de otras que no tienen certificado en la república platónica de las letras. El Martín Fierro es un verdadero poema espontáneo cortado en la vida real. Hay en él intención, filosofía, vuelo poético y bellezas descriptivas, que señalan la tercera o cuarta forma que este genero de literatura ha revestido entre nosotros" Qué gran reconocimiento. Pero al final me regaña un poco: "Después que usted lea mi nota crítica no extrañará que le manifieste con franqueza que creo que usted ha abusado un poco del naturalismo y que ha exagerado el colorido local en los versos sin medida de que ha sembrado intencionalmente sus páginas, así como con ciertos barbarismos que no eran indispensables para poner el libro al alcance de todo el mundo. No estoy del todo conforme con su filosofía social, que deja en el fondo del alma una precipitada amargura sin el correctivo de la solidaridad social. Mejor es reconciliar los antagonismos por el amor y por la necesidad de vivir juntos y unidos, que hacer fermentar los odios, que tienen su causa, más que en las intenciones de los hombres, en las imperfecciones de nuestro modo de ser social y político."

Se había terminado la barbarie de la lanza y el fusil, el anatema y el agravio. Qué bien me sentía protagonizando la unidad espiritual entre nosotros, los argentinos.

El 6 de noviembre de 1880 muere Estanislao del Campo. Me toca pronunciar un discurso de despedida ante su tumba abierta. Al tiempo, cuando se discute en la Legislatura el otorgamiento de una pensión para su viuda, salgo de mis casillas y pronuncio esta *bouttade:* "¡Es necesario que las viudas de los hombres de talento no se mueran de hambre, pues todos sabemos que Del Campo no fue bastante imbécil como para hacerse rico." No podía con mi carácter.

Se encuentra gobernando Buenos Aires mi dilecto amigo Dardo Rocha, hombre bien compenetrado por las cosas del campo, que tiene por mi gran reconocimiento. Un día se me acerca y me dice: "Debe usted viajar a Europa y Australia para estudiar los mejores métodos pecuarios que resulten adaptables a nuestro país, durará un año su viaje, todo pago y su sueldo. La misión debe tener por resultado que usted escriba un manual para los estancieros".

Miren que venirme a mi, gaucho de tierra adentro, que no hablo otro idioma que el español, que nunca he salido del Río de la Plata, salvo esa escapada obligada a Ana do Livramento, venirme a mi con convites de esa laya. En forma alguna puedo aceptar esa invitación, por buenas intenciones tenga Rocha para conmigo. Si se trata de escribir un manual ilustrativo de la mejor ciencia y arte para la administración de nuestras estancias, eso lo puedo hacer yo sin salir de Buenos Aires. Se lo digo a Rocha, y lo hago. A lo largo de 1881 escribo ese libro que llamé Instrucción del Estanciero, impreso por Carlos Casavalle, libro desabrido para mi propio gusto. Hay gentes como Zubieta que me elogia, me animo a enviarle un ejemplar al Presidente Roca.

En la sesión del Senado bonaerense del 12 de mayo de 1881, se discute el proyecto del senador Barra de que el Poder Ejecutivo adquiera ejemplares del libro de Alberdi "La República Argentina consolidada en 1880 con la ciudad de Buenos Aires como Capital", entonces decido intervenir y digo "que la iniciativa se justifica porque Alberdi es el Platón argentino, yo soy adepto de la escuela y de las ideas del doctor Alberdi". El proyecto fue aprobado luego de una reñida votación. Sentí siempre la influencia de Alberdi en mi actuación política, tanto periodística como parlamentaria. "Nuestros desiertos llaman la inmigración y la inmigración vendrá estimulada por los tesoros ocultos que aguardan solamente brazos e industrias que los exploten." Esto ya lo decía yo en mis primeras armas como diarista, en 1860. Pero de regreso a Buenos Aires, luego de mi primer destierro interior, me encontré con una realidad demográfica diferente, la ciudad estaba invadida de extranjeros, como el setenta por ciento, quién asimila a quién, me preguntaba, sobre todo si me encuentro con tantos lustrabotas gallegos, o vendedores de billetes de lotería ¿en qué favorecen estas gentes nuestro engrandecimiento comercial? me preguntaba ¿dónde está el poblador útil a la libertad y a la industria que pregonaba Alberdi? me volvía a preguntar. No los encuentro por ninguna parte, me digo ¿Ha mejorado en algo nuestra condición, esa inmigración que llega periódicamente; seremos verídicos si no decimos que la ha empeorado? Continúo con mi indagatoria interior. Entonces, a fuer de realista respondo: "la inmigración puede ser un elemento de progreso y puede serlo de atraso". Contemplo a los gringos apiñados en la ciudad corriendo el albur de los menesteres más bajos. Esa gente no le sirve de nada al pobre gaucho. Tomo posición en la cuestión, quiero ser auténtico. Sin embargo, cuando le confieso mis preocupaciones a mi amigo Álvaro Barros éste me observa: "Mi querido José, conozco cantidad de casos en que esa gringada que desprecias ha sido llevada, a la fuerza, al servicio de frontera. Sirve entonces, aunque tú critiques la leva, porque esa gente ha sido levantada, como si fueran gauchos, del rancherío en el campo".

Se abre un capitulo del Martín Fierro y grabo en mi memoria estos versos:

"Yo no se por qué el Gobierno
nos manda aquí, a la frontera,
gringada que ni siquiera
se sabe atracar un pingo!
Si creerá al mandar un gringo
que nos manda alguna fiera!

Y siguen los versos saliendo de mi soporte memorial, cantera de ese libro fantástico que llamara "El Martín Fierro". Es que me estoy convenciendo, y lo escribo en *El Río de la Plata,* que "la inmigración sin capital y sin trabajo es un elemento de desorden, de desquicio y de atraso, que produce sin duda alguna la disminución de los salarios, lo cual no es beneficio, es más bien una amenaza para el proletariado. Los propietarios serán los favorecidos; pero los pobres, que dependen de su salario perecerán en la miseria. Esa inmigración no va a dirigirse en masa al desierto, con el propósito magnánimo de transformarlo en un edén ¿A dónde va, entonces, esa inmigración? Se esparce en los centros de población, donde la vida es más fácil... donde escoge una ocupación mezquina", que lo podrá enriquecer al gringo, pero "cuyo ejercicio en nada favorece al desarrollo de las ramas de nuestra actividad comercial. Llevándose más tarde el fruto de sus ahorros para gozarlos en su suelo natal".

Llega el año 1882 y el 26 de marzo soy reelecto senador provincial por la Tercera Sección Electoral. El proyecto de fundar la nueva capital de la provincia sigue su marcha. Rocha quiere hacerlo realidad antes de que concluya su mandato. El 10 de noviembre, día en que cumplo cuarenta y ocho años, se firma el decreto que ordena la colocación de la piedra fundamental. El 19 se realiza el acto fundacional. No asiste Roca, envía en su representación a Victorino de la Plaza. Yo soy el presidente de la comisión de Fiestas Populares. Se presupuestan quinientos cincuenta mil pesos para atender a un gran asado. Es una enormidad, por eso el gasto se baja a trescientos cincuenta mil: no habrá vino francés ni toldos... ni la cerveza se salvó de la veda. Cuatro mil personas estaban previstas, se reduce a mil, el convite. De todos modos se contratan acróbatas, corridas de sortijas, bombas de estruendo, globos y fuegos artificiales, hasta se pone en escena un "Aparato mágico". El día elegido resulta de un calor insoportable. Con José Victorica preparamos la gran comilona. Hay que asar ciento cincuenta novillos y cuatrocientos capones. Hay amenaza de lluvia, entonces no podremos colocar las parrillas a la intemperie. Decidimos cambiar parrillas por hornos de panaderías y llevar la carne ya asada al lugar del convite. Así se hace, está listo el asado, partimos desde Buenos Aires con nuestro cargamento hacia La Plata. El sol resulta insoportable, la carne se empieza a estropear. Cuando llegamos, los costillares apestan. No podemos servir semejante comida. La gente hace largas horas que espera, se impacientan. Solamente comen pan y ensaladas con sardinas y salchichón. ¡Que fiasco resulté como asador oficial! lo de "gaucho Martín Fierro" quedó como una humorada. De todos modos la piedra fundamental de la ciudad de La Plata quedó instalada.

Voy llegando a los cincuenta años. Soy enorme de tamaño, mido más de uno noventa. Orador elocuente, de gruesa voz y sonora. Una matraca se escucha mientras hablo, un ademán trabado acompaña mi discurso. La barba abundante, renegrida, encierra mi carota imponente, define mi perfil de tribuno escultural. Dicen que soy un hombre bueno, un buenazo. Pero no zonzo ni débil. No tolero confianzas. Tengo fama de malas pulgas, a veces. De la vehemencia y la iracundia solía pasar en instantes a un estado de apacible bondad. Hago politica por amor a la patria, no para trepar posiciones ni enriquecerme. Intento llegar a la diputación nacional, pero si la competencia me ha dejado en el camino, no por eso me he desesperado. Los hombres públicos de primera línea me distinguen. Pellegrini, por caso, me encomienda una investigación sobre el conflicto que los argentinos tenemos con Chile, se trata de encontrar pasos adecuados por la Cordillera, al sur de nuestro territorio. Continúo en el vértigo de las más variadas funciones públicas: en el 81 soy miembro del Consejo Consultivo del Monte de Piedad, cargo que ocupo durante tres años; desde el 1ro. de marzo de 1882 hasta el 31 de julio del 84, me desempeño como vocal inspector de la Comisión Nacional de Educación. Presido la sección provincias de la Exposición Continental, esa que Roca inaugura el 15 de marzo de 1882. Soy convencional constituyente provincial en la reforma de 1882, cargo en el que permaneceré hasta mi muerte, me lo dice mi intuición, pero sin gran intervención, salvo en cuestiones reglamentarias, que conozco al dedillo.

Durante ese año 82 viajo por el país en mi condición de integrante del Consejo Nacional de Educación. Cobro doscientos pesos fuertes de sueldo. Primero me envían a San Luis para inspeccionar el estado de la enseñanza. En julio produzco un prolijo informe que deja satisfechos a todos cuantos lo consideran. Esas funciones de inspección me llevan en noviembre del 82 a Corrientes, aunque también cumplo una misión confidencial de tipo político. Mantengo esas funciones hasta 1884. A fines del 84, me designan miembro del Directorio del Banco Hipotecario.

Estoy cansado de vivir en el centro. Me agobia la intensidad de esa urbe en permanente crecimiento. Un sábado decido invitar a mi familia a una suerte de picnic en una quinta de Quilmes. Lugar acogedor, sin duda, amplia arboleda, la tiento a Carolina para verificar si le gustaría que compráramos el solar, pensando en mudarnos. A ella no le gusta la propuesta. El 30 de agosto del 84 cumple años mi mujer, quiero hacerle un regalo significativo. La sorprendo ese día, cuando en otro paseo campestre, esta vez en Belgrano, entre las canastas de alimentos Carolina encuentra un sobre: es la escritura de esa quinta donde estamos, su regalo de cumpleaños. La veo encantada de contenta, esta vez he sabido complacer sus íntimos deseos. Allí nos vamos, de nuevo en Belgrano, esta vez en Santa Fe a la altura del 468, más tarde sería Cabildo, el terreno linda con Luis María Campos. Para hacerlo más grande le compro una pequeña franja al vecino Ernesto Tornquist.

En mi nueva residencia, que sería la última en mi vida de hombre errante, me visitan parientes y amigos. Hasta Mama Totó, con sus casi ochenta años, se viene desde su chacra Pueyrredón, para que yo la recuerde, toda mi vida, digamos. También mi hermana mayor Magdalena, casada con Gregorio Castro, que tiene casa cerca de donde viven los Pueyrredón, va a visitarnos, en compañía de su hija Rosa. Bueno, así comienza el romance de Rosita con Macuca, mi hijo, se casarán finalmente, todo ha quedado en familia. Las tertulias familares se enriquecen con la presencia de queridos amigos, entre ellos recuerdo a Julio Fonrouge, colega en el senado, con quien compartíamos largas mateadas cebadas por la fiel Paula, criolla que me acompañaba hace mucho tiempo en el servicio doméstico. El mate quema, yo vocifero. "Ahí pasa el tren largo es hora del amargo", le espeto a la Paulita, cada vez que escuchábamos el largo pitar de la locomotora. Era la hora del mate amargo en casa de los Hernández. Todo era informal en mi casa, no me gustaba la librea en la servidumbre, mis cocheros debían vestir de paisano. "No me lo traigan vestido de mascarita". No me gusta usar el teléfono, pero como no puedo darle la espalda al progreso, no me queda más remedio que someterme a él, como a un padecimiento. Mi vozarrón revienta el oído de mis escuchas telefónicos. Me instalan un aparato con el número 3001, desde allí hablo, alguna vez, a la Casa Rosada. La compañía que hace la instalación es la *Société du Pain Téléphone du Lech*. Un día me visita mi amigo Guido, hábil flautista que viene a demostrarme sus habilidades instrumentales. Me postra la música emanada del flautín, no puede evitarlo, soy un animalillo en materia de melodías, al igual que Napoleón, en pleno concierto me quedo dormido, ronco sin avergonzarme:

— Duermes como un elefante -me espeta Guido.
— No. Medito -le contesto.
— ¿En qué meditas, por favor?
— En la extravagancia de un hombre de talento que pasa tantas horas soplando en un canuto.

Mi situación económica ha cambiado, he prosperado como consecuencia de mis actividades, realizando gestiones en materia de compra y venta de campos. Eso me ha permitido comprar mi nueva casa de Belgrano. Ahora adquiero un campo en Capilla del Señor, Exaltación de la Cruz. Corre el año 1884. Al campo le pongo -imposible hacer algo distinto- "Martín Fierro". "Me tendrán en su memoria, para siempre mis paisanos". Lo digo en algún escrito: trasciendo por mis hijos, por mis poemas, espero que también por ese campo. Ha llegado el tiempo de la cosecha, la hora de los recuerdos, recibo del intendente de Buenos Aires, Torcuato de Alvear, una medalla de oro que conmemora la capitalización. El gobernador D´Amico me remite un escudo de oro, como distintivo que recuerda la fundación de La Plata. Mato mis horas muertas amasando el pan de mis recuerdos, leyendo como forma de apaciguar mi alma. Mi libro preferido es El Quijote, remedo de mi vida: un quijote bastante intrascendente que solamente ha logrado ser historia por ese sino de mi vida que me convirtiera en el "gaucho Fierro".

La política nacional ya no ofrece el panorama de los enfrentamientos a cara de perro. Por primera vez me tocará encontrarme en situación de hacer política al lado de don Bartolo (a Mitre me estoy refiriendo). Rocha, mi jefe político, ha acordado con Mitre y con Bernardo de Irigoyen -fecho esto el 27 de diciembre del 85- presentarse unidos, con una sola lista de candidatos, en las próximas elecciones de diputados nacionales del 7 de febrero. Hay que comunicar el acuerdo a los comités del interior. Allí parto en dirección de Tucumán, Salta y Jujuy, lo hago el 18 de enero de 1886. Se avecina la elección del nuevo Presidente de la República, Roca tiene por candidato a Juárez Celman. El frente opositor, formado por Rocha, Mitre y Gorostiaga designan un jurado que elige a Manuel Ocampo. Católicos y mitristas aceptan la propuesta sin mayor discusión. Todos están de acuerdo en que nuestro candidato no puede tener chance alguna. Se cae la posibilidad de que mi amigo Rocha sea el candidato de la oposición. Mi salud se ha ido quebrantando, lenta pero irremediablemente.

De ese viaje por Salta rescato una jugosa anécdota. Mis amigos salteños me reciben con deferencia, me agasajan. Se encuentra veraneando en la ciudad don Joaquín Castellanos, admirador del Martín Fierro. Él se ha peleado con Rafael Obligado, en las tertulias porteñas, defendiendo mis dotes de poeta del campo. Un hombre del gobierno de Salta nos invita a un almuerzo campestre, él es quien ofrece el homenaje, a Castellanos lo hace en verso, a mi me homenajea en prosa, pero no hace referencia a mi obra. Castellanos se acerca y me dice que no está de acuerdo con el talante de los presentes, tampoco con el dueño de casa, yo minimizo la cuestión, no me siento ofendido; Castellano me dice que mi libro habría de perdurar, yo guardo silencio. De pronto uno de los comensales, con aire de bromista, me trata con cierto desprecio. Entonces, sí, me pareció propio reaccionar; no sin cierta ironía le dije: "Si, mi amiguito, sepa usted que mientras ustedes, los poetas de la ciudad, no ganan ni un cobre con sus versos, yo he ganado veinte mil pesos. He subido al Parnaso en un redomón y he atrapado las musas al lazo". Cuando quería cantar las cuarenta no tenía pelos en mi lengua.

Me ha dejado agotado ese penoso viaje por el norte. Y el ajetreo político. Me siento muy cansado. Una arritmia cardiaca me mantiene en ascuas. Mi cuerpo ha dejado de obedecerme. El 29 de marzo del 85 he sido reelecto senador por tercera vez. Es la hora del reencuentro con amigos como Luro, González Chávez, Demaría, Victorica... No se si tendré fuerzas para afrontar el ritmo del debate parlamentario. Van cayendo las hojas del almanaque del 86. Durante enero hago un breve viaje a Montevideo. Será el último cruce que realice de ese río que ha bañado mi vida como ningún otro curso de agua. El 2 de marzo debo afrontar en la Cámara una discusión sobre un proyecto que favorece a la industria ganadera. Saco fuerzas de flaqueza; pido la palabra y digo: "Es notorio, señor presidente, que el mal estado de salud no me permite tomar en este debate la participación que desearía". Manuel Rodríguez Fontes, cuñado y amigo desde mi primera juventud recibe una carta mia donde le cuento mi precaria situación. Una noticia golpea aun más mi corazón: ha muerto mi Mama Totó... Ni me causa consuelo que se case mi hija Isabel, pues era una fiel compañera y ha decidido matrimoniarse
-qué tremendos somos los padres cuando no podemos asumir el destete de sus hijos-, lo hace con su primo José González del Solar.

He dejado de concurrir al senado. No piso el recinto desde el 17 de mayo de ese año final de 1886. Le escribo a mi hija Isabel diciéndole "El hombre tiene que buscar la abundancia y la mujer la alegría..." -voy entendiendo que debo enviarle un mensaje de afecto y comprensión, integrador de la pareja, y lo hago. "Adiós querida Isabel, no hagas en tu corazón ningún depósito de amargura contra nadie, dale preponderancia a los afectos tiernos, y te parecerás más a tu padre, que te ama de veras". Es una suerte de testamento afectivo esa carta, pienso que hace mi retrato intimo, me deja conforme a mi mismo. Me despido porque siento que el fin está cerca, mi corazón flaquea, los remedios no hacen efecto. Sufro también una diabetes cada vez más severa, ambos males marcarán la última cifra.

Pero ese peregrino de la vida política que soy no quiere abandonar el barco ni bajar los brazos ni darse por vencido. Acepto un desafío difícil, salgo a principios de septiembre en gira proselitista a favor de la candidatura de Nicolás Achával, quien pretendemos sea el futuro gobernador de la provincia por el autonomismo. Recorro Zárate, Campana, Baradero, a mediados de mes llego a San Pedro. Pronuncio discursos en serie. La gente me busca, me toca, me escucha, en la calle, en los actos públicos, en los recintos de conferencias. No es el hombre político el que está frente a ellos, sino el Gaucho Martín Fierro. Pasamos las Lechiguanas. Lejos están Concepción y Paysandú, cuantos recuerdos abrojan mi debilitado corazón. No puedo continuar la gira. Regreso.

Llego a mi casa y me tiendo pesadamente en mi cama. Me estoy yendo de esta vida en actitud de combate, no desistiendo, sino cuando las fuerzas me han abandonado, y así lo siento. El 12 de octubre de ese año final, de 1886, asume la presidencia de la República Miguel Juárez Celman. Desde que asumió el nuevo Presidente no dejó un día de interiorizarse por mi estado de salud. Quien tampoco faltó ningún día a mi lado fue mi amigo Guido Spano, al igual que Carolina, Rafael mi hermano y mis hijos. A los nueve días, el 21 de octubre, siento que las fuerzas vitales ya no están dentro de mí. A mi lado, como toda la vida, está mi hermano Rafael. Le digo: "Hermano, esto está concluido". Todo es oscuridad ante mi vista. Apenas escucho que digo, muy tenuemente, "Buenos Aires, Buenos Aires", fue mi despedida.

Agradecimiento a Vito Campanella

La reproducciones facilitadas por el Maestro Vito Campanella, que ilustran la cubierta e interior de este libro, han sido materia de la ilustración del " Martín Fierro" publicado por el Instituto Salesiano de Artes Gráficas en 1973. De allí extraigo el siguiente texto firmado entonces por el crítico César Magrini.
"Difícilmente haya supuesto Hernández, el múltiple, un destino visual, para su MARTIN FIERRO, tan inédito e infrecuente como el que ha sabido darle Vito Campanella en sus cuadros. O tal vez si, como sin quererlo, por que muchas cosas hay en el poema, quizás tantas como estamos dispuestos a tomar de él. Poeta y pintor "que son, en el fondo, una misma cosa" confluyen ahora acompasados entendiéndose en una nueva lengua, la más original que haya acercado nunca a esas dos expresiones, antagónicas sólo en apariencia, como lo demuestra Campanella en estas aproximaciones suyas tan ricas, tan sugestivas, tan estimulantes y humanas. Creo que Hernández, sin saberlo, lo sabía. Creo que Hernández habrá soñado, él también metiéndose en el cambiante universo de la metafísica surrealista, con el artista que llegaría, un siglo después, a iluminar esas visiones como propias. Para quien sepa entenderlo, lo esta diciendo, en voz baja, pero con insistencia:

No pinta quien tiene ganas
sinó quien sabe pintar

Y Vito Campanella, casi no hace falta aclararlo, sabe pintar como pocos. Lo sabe de tal manera, que a nadie mejor que a él, por la jerarquía y la nobleza, la profundidad y el sentido de esta obra suya, le están dirigidas, por ultimo, estas radiantes palabras de poeta:

Lo que pinta este pincel
Ni el tiempo lo ha de borrar...

CESAR MAGRINI
Buenos Aires, 1873.

Bibliografía

Cualquier biografía sobre José Hernández debe partir de la lectura de aquella que escribiera su hermano, Rafael, en el libro "Pehuajó", dando noticias biográficas sobre los nombres de las calles de ese pueblo de Buenos Aires. Eso fue lo que hice, como primera puntada de la presente recomposición. La biografía de José Hernández escrita por su hermano puede consultarse en el número 15 de la Revista Historia, páginas 135 y siguientes.

Una historiografía más que completa sobre José Hernández es la que luce en el libro de Horacio Zorraquín Becú, "Tiempo y vida de José Hernández. 1884-1886", Editorial Emecé, 1972. Este libro fue una de las guías que tuvo el relato que aquí ofrecemos.

A su turno, la historia novelada más interesante que conozco sobre nuestro personaje es la que ha escrito Pedro de Paoli, que lleva como título "Los motivos de Martín Fierro en la vida de José Hernández", Editorial Ciordía y Rodríguez, 1949. Ha sido también una guía rectora de nuestro relato.

El ensayo filosófico de mayor enjundia que conocemos sobre el Martín Fierro, que se propone realizar un estudio de interpretación de la vida argentina, es el de Ezequiel Martínez Estrada, Editorial Fondo de Cultura Económica. Segunda Edición de 1958. De lectura obligada para cualquiera que le importe el tema, no dejamos de cumplir con el mandato cultural de leerlo y meditarlo.

Dos grandes literatos y estudiosos de la literatura argentina, Leopoldo Lugones y Ricardo Rojas, se ocuparon de estudiar a Hernández. El primero lo hizo en "El Payador", cuya segunda edición fue publicada por Editorial Centurión, en 1961. En cuanto a Rojas debe consultarse el volumen V de sus Obras Completas, de Editorial Losada, 1948. También es de gran utilidad la lectura de la "Historia de la Literatura Argentina", dirigida por Rafael Alberto Arrieta, donde luce el estudio sobre Hernández a cargo de Ángel J. Batistessa, Tomo III, Editorial Peuser, 1959.

"El Martín Fierro" de Jorge Luis Borges, es un fino estudio de la gran obra. Resulta ineludible su consulta, Editorial Columba, 1945.

La biografía escrita por Manuel Gálvez sobre José Hernández es corta, pero jugosa como toda la obra de ese gran escritor. Sin embargo no son muchos los datos novedosos que aporta este libro, entre ellos merece destacarse la referencia al patrimonio que deja Hernández a su familia, el día de su muerte, en detalle es el siguiente: dos estancias, un campo, mil novillos, dos casas, dos conventillos en la ciudad, una quinta en Belgrano y dos terrenos en Rosario. Ningún otro biógrafo es tan preciso como lo es Gálvez sobre éste punto.

El "José Hernández, periodista, político y poeta", de Fermín Chávez, es un precioso libro, ampliamente documentado, sobre todo en relación con la actividad de nuestro escritor como periodista. Ediciones Culturales Argentinas. 1959. Ha sido consultado y seguido puntualmente en varios temas.

El libro "Personalidad parlamentaria de José Hernández", editado por la H. Cámara de Diputados de la Provincia de Buenos Aires, en 1947, en tres tomos, ha sido una fuente de consulta necesaria a la hora de recorrer la vida parlamentaria de nuestro poeta.

En "El poeta creador" de Carlos Alberto Leumann, Editorial Sudamericana, el autor cuenta cómo fue escribiendo José Hernández su magna obra. Allí nos relata la circunstancia en que dos nietas del poeta, Isabel y Sara González del Solar, le hicieron el favor de facilitarle los seis cuadernos donde Hernández escribió el Martín Fierro, hasta el canto XXV; sin La Vuelta, por supuesto.

En "José Hernández y la guerra del Paraguay", Editorial Indoamerica, su autor, Enrique Rivera, relata el modo que tuvo Hernández de introducirse en esa fuerte polémica que sobre la referida guerra tuvieron Mitre y Juan Carlos Gómez, poeta uruguayo muy destacado.

"Genio y figura de José Hernández", EUDEBA, de Roque Raúl Aragón y Jorge Calvetti, es una biografía rica en matices que ha enriquecido nuestro trabajo.

"La masonería argentina", de Alcibíades Lappas, es una fuente documental necesaria de ser consultada a la hora de informarnos sobre los antecedentes masónicos de Hernández.

Luis Alberto Leonie Houssay ha escrito un estudio titulado "José Hernández: ciudadano, soldado, poeta", publicado en la Revista Historia, Nª 15. En ese número ver también el estudio "José Hernández, protagonista de su tiempo". Ambos han sido tenidos en cuenta en la preparación del presente libro.

También hemos consultado el libro de Aníbal S. Vázquez, "José Hernández en los entreveros jordanistas", Paraná, 11953, Editorial Nueva Impresora.

Todo lo escrito por Hernández, en principio, logró publicarlo en vida. Menos esos versos sueltos, que anotados en libretas, quedaron para el recuerdo. La Editorial *América lee* publicó "Los otros poemas", con una noticia de Dardo Cúneo, en 1966.

Todos estos textos han me han permitido tejer una versión novelada de la vida del máximo exponente de las letras argentinas, en términos de impacto y reconocimiento mundial, dado el sinnúmero de traducciones que el Martín Fierro ha merecido. De este modo la prosa de los biógrafos y estudiosos tenidos en cuenta, sirven de argamasa a nuestro relato, muchas veces utilizando los propios giros literarios, que no pueden ser materia de citas, pues romperían el genero expresivo que se pretende alcanzar. Las comillas solamente se han impuesto cuando la trascendencia del texto lo hizo imperioso.

Carta a Juan Manuel Blanes

Amigo don Juan Manuel
Que se halle, me alegraré,
Sano del copete al pie.
Y perdone que si en su carta
Algún disparate ensarta
Este servidor de usté.

Una suya recibí
Punteada con todo esmero,
Y al verlo tan cariñero
Dije para mí este Blanes,
No hay oriental que le gane
Como amigo verdadero.

Y aunque me diga atrevido
O que a la luna le ladro,
Como ese bicho taladro
Que no sabe estarse quieto
En todas partes me meto
y me metí a ver su *cuadro*.

Por supuesto, los diez pesos
Los largué como el mejor
Yo no soy regatiador,
Y ya dentré a ver después
Los famosos *treinta y tres*...
¡Ah! Cuadro que da calor!!

Me quedé medio azorado
Al ver esa comitiva—-
Lo miré de abajo a arriba
Pero ¡que el diablo me lleve!,
Si parece que se mueve
Lo mesmo que cosa viva.

Encima le han colocao
Un sol que valdrá un tesoro
Lo habrán puesto, no lo ignoro
Como en el naipe español;
Pues habrán dicho esos toros
"A todos alumbra el sol".

Y esa gente tan dispuesta
Que su país va a libertar,
No se le puede mirar
Sin cobrarles afición…
¡Si hasta quisiera el mirón
poderlos acompañar!

Para mí, más conocida
Es la gente subalterna;
Mas se ve que quien gobierna
O lleva la dirección,
Es un viejo petizón
Que está allí abierto de piernas.

Tira el sombrero y el poncho
Y levanta su bandera
Como diciendo: "Ande quiera
Que flamé se ha de triunfar;
Vengo resuelto a peliar
Y que me siga quien quiera"

Le esta siguiendo a los ojos
El fuego que el pecho encierra—-
Y señalando la tierra
Parece que va a decir;
"Hay que triunfar o morir,
Muchachos en esta guerra".

    Y arrimando a aquella gente
    Que va a lidiar se precipita,
    Mientras se mueve y se agita
    Con la proclama del viejo,
     Hay uno que dende lejos
     Le muestra una crucecita.

    Cerca de él, hay un criollo
    De poncho y de bota fina—
    Se ve que en la tremolina
    Hará aujero si atropella,
     Ha agarrao la garabina
     Como pa darles con ella.

    Al lao, el de camiseta,
    Ya deja ver que es soldao;
    Está muy arremangao
    Como hombre resuelto a todo,
     Se le conoce en el modo
     Que ha sido algún desalmao.

    Hay otro de pantalón
    Tirador bordao de seda;
    Que le resista quien pueda
    Cuando llegue a gritar ¡truco!
    Ha echao al hombro el trabuco
    Y se ha metido en la rueda.

    De pantalón va también
    Otro de sombrero al lao;
    Es resuelto y animao
    Pero de un modo distinto;
     Tiene el naranjero al cinto
     Y parece mas confiao.

Hay otro viejo gritando:
"¡A mí naides me aventaja!—
¡En cuanto suena la caja
He de responder al grito!"—
Tiene en la mano un corvito
Que ha de estar como navaja.

Ese que está arrodillao
No me deja de gustar,
Uno puede asigurar
Que va a decir –cuando hable—
"Todos tienen que jurar
Sobre la hoja de este sable".

Que ha de haber sido algún bravo,
En el ademán se advierte;
Y para estar de esa suerte,
Dije yo, lo han elegido
O por ser más decidido
O por tener bota juerte.

Me gusta el de casaquín,
Se le nota el movimiento
Como que en ese momento
Tira su sombrero arriba
A tiempo que pega un ¡viva!
Medio loco de contento.

Pero entre tanto valiente
Desde lejos se divisa
El que en mangas de camisa
Se hace notar el primero—-
Un gaucho más verdadero
No he visto, ni en los de Urquiza.

Espuela y botas de potro,
Todo está como nacido;
Es patriota decidido,
Se ve que resuelto está;
Para mejor ha salido
Medio escaso de chiripá.

En el amor y en la guerra—-
En todo habrá sido igual;
Tiene, en trance tan formal,
El enemigo en contorno;
Pero no olvido el adorno
De cola de pavo-rial.

Le adivina la intención
Todito aquel que lo vea;
Para dentrar en pelea
Revela hallarse dispuesto,
Y de fantastico ha puesto
De dragona la manea.

Lleva su ropa y sus armas
Como quien las sabe usar;
Con gracia sabe arreglar
Su trabuco en la cintura;
Muestra ser por su figura
Sin asco para matar.

Y además de algunos otros
Me han llamado la atención
Uno que está en el rincón
Como quien no dice nada,
Se ha largao a la patriada
Descalzo y de pantalón—-

Y yo, para mí decía,
Estos hacen lo que deben;
Y varones que se atreven
Con voluntá decidida
A jugar ansí la vida,
Tal vez ni cigarros lleven—-

Van a libertar su país,
Peliando con valentía;
Quizá ni ropa tendrían,
Pero nada los sujeta;
Hasta las mesmas maletas
Están, ay, medio vacías.

La garabina y el sable
Que están tirados allí,
Pensé yo al verlos así—-
O alguno se ha hecho avestruz
O son de aquel de la cruz,
Que los ha dejao aquí.

A la distancia se llevan
El bote los marineros,
Los mismos que los trujieron
Se retiran apuraos,
Ya se ve que les hicieron
La compañía del horcao—-

Parece que van diciendo:
"Ai quedan sin esperanza,
y vámonos sin tardanza,
si viene fuerza enemiga
tal vez ninguno consiga
escapar de la matanza."

Ya los hubiera agarrao
A los que el bote se llevan;
Justo es que a todo se atreva
El hombre que hace la guerra;
Cuando pisaron en tierra
Debió principiar la leva.

No meto en esta coplada
A todos, pa no cansarlo—-
Pero debo confesarlo,
Amigo, y se lo confieso,
Yo le saqué, los diez pesos
Al cuadro, tanto, mirarlo.

Cuente si son *treinta y tres,*
Si en mi cálculo no yerro;
al punto mi carta cierro.
Amigo, me planto aquí
Ni Cristo pasó de allí
Ni tampoco Martín Fierro.

Buenos Aires, agosto 20 de 1878.

Indice

Infancia, adolescencia y juventud de Martín Fierro 7

Después de Caseros, una vida de gaucho transfigurada 16

De mi querida Buenos Aires a la Confederación de Paraná 27

Por los entreveros litoralenses 39

Buenos Aires, siempre Buenos Aires 57

Después de Urquiza 68

Se viene el Martín Fierro 77

Llegan los tiempos de la política oficial. Luego, la despedida 111

Agradecimiento a Vito Campanella 127

Bibliografía 129

Carta a Juan Manuel Blanes 133

www.ingramcontent.com/pod-product-compliance
Lightning Source LLC
Chambersburg PA
CBHW030241170426
43202CB00007B/78